내가 만든
직업에
취업합니다

내가 만든 직업에 취업합니다

발행일	2019년 6월 24일		
지은이	송남수		
펴낸이	손형국		
펴낸곳	(주)북랩		
편집인	선일영	편집	오경진, 강대건, 최예은, 최승헌, 김경무
디자인	이현수, 김민하, 한수희, 김윤주, 허지혜	제작	박기성, 황동현, 구성우, 장홍석
마케팅	김회란, 박진관, 조하라		
출판등록	2004. 12. 1(제2012-000051호)		
주소	서울시 금천구 가산디지털 1로 168, 우림라이온스밸리 B동 B113, 114호		
홈페이지	www.book.co.kr		
전화번호	(02)2026-5777	팩스	(02)2026-5747

ISBN   979-11-6299-758-1 13320 (종이책)   979-11-6299-759-8 15320 (전자책)

이 도서의 국립중앙도서관 출판예정도서목록(CIP)은 서지정보유통지원시스템 홈페이지(http://seoji.nl.go.kr)와
국가자료공동목록시스템(http://www.nl.go.kr/kolisnet)에서 이용하실 수 있습니다.
(CIP제어번호: CIP2019023724)

(주)북랩 성공출판의 파트너

북랩 홈페이지와 패밀리 사이트에서 다양한 출판 솔루션을 만나 보세요!

홈페이지 book.co.kr   •   **블로그** blog.naver.com/essaybook   •   **원고모집** book@book.co.kr

스스로 일자리를 만드는
창직 가이드북

내가 만든 직업에 취업합니다

송남수 지음

취업 시장이 꽉 막혀 있으면 돌아가는 것도 방법.
자신의 적성에 맞는 직업을 만들고
자신을 직접 고용하라!

북랩 book Lab

지난 17년간 중견기업의 인사팀, 헤드헌팅 컨설턴트, 전직지원 컨설턴트, 대학의 진로 및 취업교양강좌 강사로 활동하면서 필자가 느낀 점은 IMF 이후보다 과학. 기술. 사회제도 등 모든 것이 우수하게 발달된 지금이 취업하기 더 힘들어졌다는 것입니다. 헤드헌팅 컨설턴트로 재직하던 당시는 벤처 열풍으로 대기업에서 벤처기업으로 인력의 이동이 빈번하였고, 벤처기업들이 주식에 상장되면서 우리사주를 받은 직원들이 생겨났고, 다양한 직무와 직종에서 인력 채용의 수요가 원활하여 채용시장이 비교적 활발하던 시절이었습니다. 그러나 현재는 인력 채용이 오히려 축소되면서 구직자들은 한정된 일자리를 두고 경쟁해야 하는 상황에 놓이게 되었습니다.

요즈음 취업 준비생들에게 무슨 일을 하고 싶은지 물어보면, "'안정적'인 곳에서 '안정적'으로 일하고 싶다."라는 답이 돌아옵니다. 필자가 현장

에서 느낀 점이 구인·구직 매칭 플랫폼 사람인에서 2018.11.30. 발표한 자료가 있습니다. 성인남녀 1,143명을 대상으로 현실을 고려한 목표 직

업과 꿈의 직업을 조사한 결과 갖고 싶은 직업 1위로 공무원 및 공공기관 종사자(26.7%, 복수응답)가 선택됐다고 밝혔습니다. 구직자 66.6%가 현실을 고려한 목표 직업과 실제로 바라는 희망 직업이 일치하지 않는다고 답한 가운데 공무원의 희망 순위가 가장 높게 나타났습니다.

반면, 현실을 고려해 목표로 설정한 직업으로는 사무직 회사원(49.5%, 복수 응답)이 가장 많았습니다.

목표 직업을 선택할 때 가장 중요하게 고려한 부분은 안정성(41.8%)이었습니다. 다음은 적성(17.1%), 월수입(16.8%), 취업 성공 가능성(11.9%), 미래 유망도(7.9%) 등으로 나타났습니다.

취업준비생 대다수가 공무원이나 공공기관에서 안정적으로 일하기를 꿈꾸는 상황은 국가적으로나 개인적으로 바람직하다고 할 수 없지만, 불

내가 만든 직업에 취업합니다

안한 상황에 처한 구직자들의 꿈꾸는 이상을 잘못된 것이라고만 할 수 없는 안타까운 현실입니다.

모쪼록 이 책을 통하여 독자들이 창직(創職)의 다양한 방법을 통해 자신만의 일자리를 창출하여 직업세계에 진입하기를 바랍니다.

차 례

제1장

창직이란
무엇인가요?

1.

창직의
탄생 배경과
정의

창직(創職)은 직업을 발굴하거나 새롭게 만들어 스스로 직업의 세계에 진입하고, 수입을 창출하는 것입니다.

창직이라는 용어는 2009년 7월 26일 매일경제 신문 1인 창직시대 "두드리면 열린다: 이전에 없던 직종 만들어 1인 기업가가 되라"라는 기사에서 최초로 소개되었는데, 일자리 없는 경제성장이 지속되고, 금융위기 이후로 경제 성장마저 마이너스 상태에서 일자리를 찾는 사람은 늘어나지만 일자리는 더 줄어드는 상황에서 개인이 직접 이전에 없던 직종을 만들어내면서 1인 기업가가 되어야 한다는 내용입니다.

창직은 창직가의 역량이 중요합니다. 그 이유는 창직가의 사업 활동 영역은 본인이 개발한 창직 아이디어를 직업으로 접목시키는 것뿐만 아니라 창직 아이디어에 진입하려는 인력양성을 위한 교육프로그램을 개발하여 일자리에 진입하는 사람들을 더욱 확대시킬 수도 있기 때문입니다.

창직은 창직가 스스로가 개발한 창직 일자리에 직접 취업하거나 창직 일자리에서 취업의 기회가 부족하여 외부로부터 일을 위탁받는 프리랜서로 활동하거나, 스스로 창직 분야를 창업하는 활동의 세 가지 운영 형태가 있습니다.

창직의 운영형태

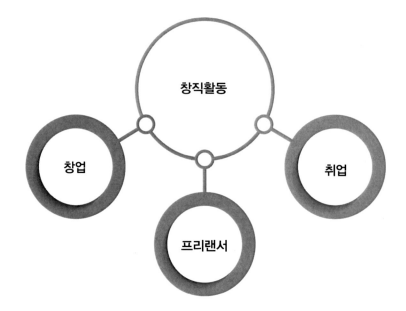

출처: 한국고용정보원(2016). 2016 우리들의 직업 만들기.

내가 만든 직업에 취업합니다

2.

창직과
유사한 개념
비교

창업과 창직은 무엇이 다른가요?

창업은 기존에 있는 유형이나 무형의 것을 통해 이익을 얻기 위해서 기업이나 일자리를 설립하는 것입니다. 반면 창직은 이미 만들어져있는 일자리에 취업하거나 프리랜서로 일하지 않고, 창업가의 아이디어를 통해 새로운 직업을 만들어내어 스스로 일자리를 창출하여 노동시장에 진입하거나 잠재적인 수요가 있는 직업을 만드는 것입니다.

음식점의 사례를 통해 창업과 창직을 비교해 보겠습니다.

A는 자본을 투자하여 가게를 임차하고 직접 음식을 만들거나 직원을 채용하여 음식점을 운영합니다. A는 '창업'을 한 것입니다.

B는 음식점 창업자들을 대상으로 메뉴와 운영 노하우 컨설팅이 필요할 것이라 생각하여 메뉴 개발 & 경영 컨설팅이라는 새로운 아이디어를 기반으로 일자리를 만들어서 프리랜서로 활동한다면 '창직'입니다.

즉, 창직은 기존에 없는 완전히 직업을 새롭게 만들거나, 기존의 직업에서 틈새를 찾거나 직업 간의 융·복합하여 만든 직업을 말합니다.

내가 만든 직업에 취업합니다

	창직(創職)	창업(創業)
정의	창조적 아이디어를 통해 창직가 개인의 지식, 기술, 능력뿐 아니라 자신의 흥미, 적성 등에 적합한 새로운 일자리를 만들어서 스스로 노동시장에 진입함	기존에 존재하는 일자리에 기업 또는 점포를 직접 창업하여 진입함
운영형태	프리랜서 활동, 취업, 새롭게 기업을 설립하는 창업 등의 다양한 형태로 운영됨	법인 또는 개인사업자를 설립하여 운영함
실행시기	새로운 직업의 발견부터 노동시장 진입까지 시간이 소요됨	개인사업자나 법인을 설립 및 운영하여 단기에 소기 목적을 달성함
일자리 측면	새로운 직업의 탄생 다양한 취업의 형태가 발생되어 경쟁 없는 일자리 창출 효과	이미 존재하는 일자리 또는 서비스에 진입하므로 일자리 창출보다 일자리 나눠 갖기의 개념

창직과 1인 창조기업의 차이점

1인 창조기업은 창의적인 아이디어와 전문지식을 가진 사람이 돈을 벌기 위하여 독립적으로 운영하는 1인 기업을 의미합니다. 이들은 조직에 소속되지 않고 재택근무, 겸업, 부업의 형태로 활동하기 때문에 '기업'의 개념보다는 프리랜서의 개념입니다. 프리랜서의 개념이면서 창업으로 이어질 수 있다는 점에서 창직과 비슷합니다. 하지만, 1인 창조기업과 창직의 가장 큰 차이는 기존 시장에 없는 새로운 직업을 만들어내느냐의 차이로 정의할 수 있습니다.

내가 만든 직업에 취업합니다

창직이 요구되는 시대

저성장으로 인한 일자리 부족, 정보통신 기술의 발달로 인해 사람을 대체하는 기계 (키오스크)의 등장, 사람이 많이 필요한 제조업의 성장보다는 소수의 인원으로 사업 운영이 가능한 인터넷과 모바일 시대, 자연스럽게 생겨나거나 없어지는 직업의 변화는 일자리를 지속적으로 축소시켜 구직자들의 일자리가 축소되면서 창직이 요구되고 있습니다.

제 2 장

창직
준비하기

1.
직업의
성립 요건

창직을 준비하기에 앞서 직업의 성립 요건을 알아둔다면 창직 아이디어가 시장에서 배제되는 일이 없을 것입니다.

한국표준직업분류(7차, 개정분류)에서는 직업의 성립 요건은 계속성, 경제성, 윤리성과 사회성 세 가지를 충족해야 한다고 정의합니다.

• **계속성**: 일시적인 것을 제외한 아래에 해당하는 것을 말합니다.

- 매일, 매주, 매월 등 주기적으로 행하는 것
- 계절적으로 행해지는 것
- 명확한 주기는 없으나 계속적으로 행해지는 것
- 현재 하고 있는 일을 계속적으로 행할 의지와 가능성이 있는 것

• **경제성**: 직업 활동을 통해 경제적 이익을 얻어야 합니다. 따라서 무급 자원봉사활동, 전업 학생의 학습활동은 경제활동 혹은 직업으로 보지 않습니다. 또한, 경제적 이익이 있다 하더라도 노력하지 않고 발생된 이득이나 우연하게 발생하는 경제적인 이득에 전적으로 의존하는 활동은 직업으로 보지 않습니다.

• **윤리성과 사회성**: 비윤리적인 영리 행위나 반사회적인 활동을 통한 경제적인 이윤추구는 직업 활동으로 인정되지 못한다는 것입니다. 사

회성은 모든 직업 활동은 사회 공동체적인 맥락에서 의미 있는 활동, 즉 사회적인 기여를 전제조건으로 하고 있다는 것입니다. 또한 속박된 상태에서의 수행한 직업 활동은 경제성이나 계속성의 여부와 상관없이 직업으로 보지 않기 때문에 아래와 같은 활동은 직업으로 보지 않습니다.

- 이자, 주식배당, 임대료(전세금, 월세) 등과 같은 자산 수입이 있는 경우
- 연금법, 국민기초생활보장법, 국민연금법 및 고용보험법 등의 사회보장이나 민간보험에 의한 수입이 있는 경우
- 경마, 경륜, 경정, 복권 등에 의한 배당금이나 주식투자에 의한 시세차익이 있는 경우
- 예·적금 인출, 보험금 수취, 차용 또는 토지나 금융자산을 매각하여 수입이 있는 경우
- 자기 집의 가사 활동에 전념하는 경우
- 교육기관에 재학하며 학습에만 전념하는 경우
- 시민봉사활동 등에 의한 무급 봉사적인 일에 종사하는 경우
- 사회복지시설 수용자의 시설 내 경제활동
- 수형자의 활동과 같이 법률에 의한 강제노동을 하는 경우
- 도박, 강도, 절도, 사기, 매춘, 밀수와 같은 불법적인 활동

2.

창직의
성립 요건

창직은 직업의 성립 요건에 따라 성립되어야 하는 것과 더불어 창직만의 독특성, 실현 가능성을 갖고 있어야 하며 법에 저촉되지 않아야 합니다.

- **독특성**: 기존의 직업과 비교하였을 때 창직만의 특별함이 있어야 합니다.
  - 아이 + 돌봄 = 베이비시터
  - 노인 + 돌봄 = 요양보호사
  - 동물 + 돌봄 = 펫시터와 같이 기존 직업에 근거해서 파생되거나 확장된 개념으로, '각기 다른 대상을 돌본다'는 개념을 기반으로 확장시켰습니다.

- **실현가능성**: 창직 아이디어는 실현 가능성이 높아 시장의 새로운 수요를 창출하여 스스로 고용을 창출하거나 일자리에 진입할 수 있어야 합니다.

- **법률적 제약에서 자유로움**: '대리운전기사'는 음주 후 운전을 하지 못하는 사람들을 위해 탄생된 직업이며, 법적 제약에 걸리지 않아 직업의

지속성이 유지되고 있습니다. 그러나 공유차 서비스인 우버, 렌터카 기반 서비스 '타다'는 여객자동차운수사업법에 저촉여부로 인해 택시 업계와 충돌이 있습니다.

창직을 위해서는 정부의 정책적 변화, 인구학적 변화, 과학 및 기술 발전 등, 직업의 변화 요인 대한 탐색이 요구됩니다. 특히 새로운 직업을 발굴하기 위해서는 본인이 고려하는 창직 분야의 시장 동향을 분석하고 미래의 수요 등을 예측해야 합니다.

통계청 사이트(http://kostat.go.kr)는 다양한 통계자료를 주제별, 지역별, 테마별로 조회할 수 있고, 통계정보를 활용하여 창직 계획을 수립하는 데 있어 합리적인 의사결정을 지원받을 수 있습니다.

생 각
해 보 기

진로상담 이론 중 크럼볼츠(J. D. Krumboltz)의 이론인 계획된 우연 모형이
있습니다.

직업인 중 80% 이상이 자신의 직업을 선택한 이유가 '꼭 하려고 해서' 선택
한 것이 아니라 '하다 보니 우연히' 선택하게 되었더라는 것이지요, 그래서
이 이론을 우연이기는 하지만, 계획이 되었어야만 우연히 찾아온 기회를 잡
을 수 있었다는 의미에서 계획된 우연(Planned happenstance)이라고 합니다.

창직가에게 있어 계획된 우연의 예를 들자면, 어떤 사람의 이야기를 들은
후 영감을 얻어 창직 아이디어를 구체화하여 창직가가 되거나, 업무를 수행
하던 중에 '이런 일이 있으면 좋겠다.'라고 생각했던 틈새 업무를 발견하여
창직하는 등의 사례가 될 것입니다. 그런데, 우연하게 발견한 기회를 창직
으로 만들기 위해서는 아래와 같이 다섯 가지 기술을 가져야 합니다.

첫째, 호기심. 새로운 학습 기회를 탐색하는 것을 게을리하지 않는 것입
니다.

둘째, 인내심. 창직을 하다 보면 좌절하게 되는 경우가 많습니다. 하지만,
좌절에도 불구하고 노력을 지속하여 기회를 얻는 것입니다.

셋째, 융통성. 안 될 것 같은 상황에서 좌절하지 않고 태도와 상황을 변화시켜 내 것으로 기회를 만들어 가는 것입니다.

넷째, 낙관성. 새로운 기회가 올 때 그것을 긍정적으로 보는 것. 살아가다 보면 누구에게나 세 번의 기회가 온다고 합니다.

다섯째, 위험 감수. 창직을 하다 보면 불확실함 때문에 좌절하거나 포기하는 경우가 있습니다.

불확실한 결과 앞에서도 소신 있게 행동하다 보면 '계획한 우연'이 '나의 직업'이 될 수 있습니다.

제 3 장

창직가로서의 '나' 발견하기

1.

창직가의
강점 찾기

피터 드러거는 그의 저서 『프로패셔널의 조건』에서 사람은 오직 자신의 강점으로만 성과를 올릴 수 있다. 자신이 전혀 할 수 없는 어떤 것은 물론이고, 약점을 바탕으로는 성과를 쌓아올릴 수가 없다고 하였습니다. 타고난 나의 강점을 발견함으로써 새로운 직업을 창조하거나 직업을 수행할 때 나다운 모습을 자연스럽게 발휘할 수 있습니다.

아래의 검사는 긍정심리학자인 마틴 셀리그만이 개발한 24가지 강점을 알아보는 검사입니다. 강점은 시간과 환경에 상관없이 계속 나타나는 심리적 특성입니다. 강점은 대게 좋은 결과를 낳습니다. 예컨대 지도력을 잘 발휘하면 대부분 신망을 얻고 승급과 승진을 하게 됩니다. 하지만, 강점이 긍정적인 결과를 낳지 않는다 하더라도 강점은 그 자체로서 의미가 있습니다.

창직가로서 우리의 강점은 무엇인지 찾아보겠습니다.

강점 영역		점수
지혜와 지식	1. 호기심	
	2. 학구열	
	3. 판단력	
	4. 창의성	
	5. 사회성 지능	
	6. 예견력	
용기	7. 호연지기	
	8. 끈기	
	9. 지조	
사랑과 인간애	10. 친절	
	11. 사랑	
정의감	12. 시민정신	
	13. 공정성	
	14. 지도력	
절제력	15. 자기통제력	
	16. 신중함	
	17. 겸손	
영성과 초월성	18. 감상력	

내가 만든 직업에 취업합니다

강점 영역		점수
영성과 초월성	19. 감사	
	20. 희망	
	21. 영성	
영성과 초월성	22. 용서	
	23. 유머감각	
	24. 열정	

※ 1~24번 각각의 강점 단어에 자신과 유사한 정도를 1~10점으로 표시하기 바랍니다.
(1점: 매우 유사하지 않다, 6점: 그저 그렇다, 10점: 매우 유사하다)

강점 점수 파악하기

점수	비고
9~10점	강점
4~6점	약점

대표강점 찾기

점수가 가장 높은 강점 5가지를 점수가 높은 순서로 배열합니다. 동점일
경우 자신과 유사한 강점이라고 생각되는 것을 우선 배열합니다.

순위	강점명	점수	강점을 발휘했던 경험
1			
2			

순위	강점명	점수	강점을 발휘했던 경험
3			
4			
5			

출처: Seligman, M. (2014). 마틴 셀리그만의 긍정심리학. 김인자 외 공역. 도서출판 물푸레. pp. 228-255.

강점검사가 창직에 활용되는 방법

선택된 대표 강점 다섯 가지 중 강점을 발휘했던 경험이 두 가지 이상 있었다면 그것
이 여러분의 대표 강점입니다. 대표 강점은 창직 과정에 있어 극복해야 할 일들이 있
거나, 문제 상황에 놓였을 때 여러분의 생각과 행동에서 강점이 발현되어 문제 해결
의 방향으로 이끌어 줄 것입니다.

2.

직업선호도 검사하기

한국고용정보원 직업심리검사는 청소년과 성인을 대상으로 총 23종류가 있으며, 각 검사의 설명을 참조하여 자신에게 필요한 검사를 받을 수 있습니다. 워크넷(www.work.go.kr)을 통한 온라인 검사는 검사 실시 후 즉시 결과표를 받아볼 수 있으며, 검사 결과에 대한 상담을 원할 경우 가까운 고용노동부 고용센터(전화: 1350)의 전문 직업 상담원에게 문의할 수 있습니다.

직업선호도검사는 '나는 어떤 직업에 관심을 갖는 사람인가'를 알아보는 검사입니다. 고용노동부에서 제공하는 직업선호도검사는 S(Short)형과 L(Long)형 두 가지가 있습니다. 두 검사의 차이는 S형은 '관심 있는 직업'만 보여주는 반면 L형은 다양한 측면에서 파악할 수 있습니다.

본 책에서는 직업선호도검사 L형을 소개하겠습니다. 직업선호도검사 L형은 직업흥미, 직업흥미 결과에 따른 적합직업 추천, 성격의 다섯 가지 요인, 생활사검사결과를 보여줍니다. 여러분은 이 검사를 통해서 자신에 대해 미처 인식하지 못한 잠재 능력을 발견할 수 있습니다. 또한, 나에게 적합한 직업을 탐색하고 선택하는 데 도움을 받을 수 있으며, 내가 발현할 수 있는 능력과 잠재적 능력에 대한 정보를 얻을 수 있으며, 이를 통해 자신의 진로에 대한 보다 선명한 목표를 설정하고 창직 계획을 수립하는 데 도움을 받을 수 있습니다.

직업 흥미

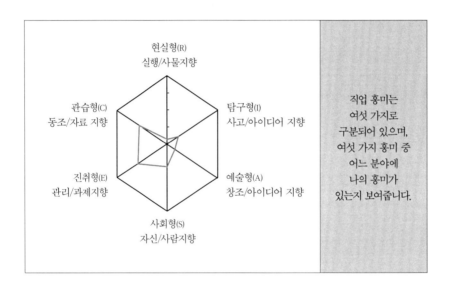

현실형(R)
실행/사물지향

탐구형(I)
사고/아이디어 지향

예술형(A)
창조/아이디어 지향

사회형(S)
자신/사람지향

진취형(E)
관리/과제지향

관습형(C)
동조/자료 지향

직업 흥미는
여섯 가지로
구분되어 있으며,
여섯 가지 흥미 중
어느 분야에
나의 흥미가
있는지 보여줍니다.

나에게 적합한 직업

나에게 적합한 직업

흥미코드에 따라 적합직업이 제시됩니다. 당신과 흥미유형이 유사한 종사자가 많은 직업을 적합직업으로 안내합니다.

당신의 흥미코드에 해당되는 적합직업 추천 예시

고졸

사무보조원[사무보조원], 국내외 관광가이드[여행안내원]

대졸(전문대졸 포함)

안전관리원[산업안전 및 위험관리원], 세무사[세무사], 방송설비기술자[영화, 연극 및 방송관련 기술직], 열차승무원[선박/열차승무원], 회계감사원[회계사], 지도제도사[측량사]

직업흥미검사 결과를 토대로 위와 같이 나에게 적합한 직업들을 추천

하여 줍니다. 추천 직업들을 보는 방법은 직업의 공통점을 찾아보는 것
이 중요합니다.

추천된 직업군들의 공통점을 P-T-I-D로 구분하여 봅니다.

추천 직업 공통점 찾기		
추천 직업의 특성		공통된 점 기술하기
P (Person)	사람들과 함께 일하는 것	
T (Thing)	사물을 다루며 일하는 것	
I (Idea)	새로운 아이디어, 사고의 전환을 활용하는 일	
D (Data)	자료중심의 업무	

성격의 다섯 요인

성격의 다섯 요인은 창업가가 어떤 성격의 소유자인지 보여줍니다. 나에 대해 타인의 평가를 듣기는 하지만, 그것이 나와 일치하지 않을 수도 있습니다. 성격의 다섯 요인을 살펴보면서 스스로의 성격에 대해 생각해 봅니다. 특히, 정서적 불안정성 지표가 높다면 스트레스 상황에 놓여있다는 것입니다. 스트레스의 원인과 극복 방안을 고민해 보아야 합니다.

생활사검사 결과

생활사검사는 여러분이 지금까지 어떤 생활 모습으로 살아왔는지 보여
줍니다. 특별히 높거나 낮은 생활사 요인을 특별히 높거나 낮은 요인이
있다면 왜 그런지 아래 도표에 기술하기 바랍니다. 또한, 낮은 요인은 보
완 방법도 기술하기 바랍니다.

생활사 검사 요인	높거나 낮은 이유	낮은 요인을 보완하는 방법
대인관계지향		
독립심		
가족친화		
야망		
학업성취		
예술성		

　　　　　　　　　　　　　　내가 만든 직업에 취업합니다

운동선호		
종교성		

창직가의 직업선호도검사 L형 활용방법

창직가 스스로 자신의 직업 흥미 분야를 파악하기 때문에 창직 분야 선정이 비교적 수월해집니다. 또한, 자신의 성격과 생활사를 파악함으로써 자신에 대해 면밀하게 살펴볼 수 있어 창직 과정 중 어려움이 발생하더라도 그 이유를 파악하고 대처할 수 있습니다.

내가 만든 직업에 취업합니다

3.
직업가치관
검사하기

고용노동부 워크넷(www.work.go.kr) 사이트에서 무료로 검사할 수 있는 직업가치관검사는 직업을 선택하거나 창직할 때 중요하게 생각하는 가치가 무엇인지를 확인해보는 심리검사로, 196개 직업에 종사하고 있는 재직자들에게 조사 후 얻어진 가치기준점수를 활용하여 직업을 추천해 줍니다.

13개 직업 가치

1. 성취

스스로 달성하기 어려운 목표를 세우고 이를 달성하여 성취감을 맛보는 것을 중요하는 가치

2. 봉사

자신의 이익보다는 사회의 이익을 고려하며, 어려운 사람을 돕고, 남을 위해 봉사하는 것을 중시하는 가치

3. 개별 활동

여러 사람과 어울려 일하기보다 자신만의 시간과 공간을 가지고 혼자 일하는 것을 중시하는 가치

4. 직업 안정

해고나 조기 퇴직의 걱정 없이 오랫동안 안정적으로 일하며 안정적으로 수입을 중시하는 가치

 **5. 변화 지향**

일이 반복적이거나 정형화되어 있지 않으며 다양하고 새로운 것을 경험할 수 있는지를 중요시하는 가치

 **6. 몸과 마음의 여유**

건강을 유지할 수 있으며 스트레스를 적게 받고 마음과 몸의 여유를 가질 수 있는 업무나 직업을 중시할 수 있는 가치

 **7. 영향력 발휘**

타인에게 영향력을 행사하고 일을 자신의 뜻대로 진행할 수 있는지를 중시하는 가치

 **8. 지식 추구**

일에서 새로운 지식과 기술을 얻을 수 있고 새로운 지식을 발견할 수 있는지를 중시하는 가치

 국가의 장래나 발전을 위하여 기여하는 것을 중시하는 가치

 다른 사람들에게 지시나 통제를 받지 않고 자율적으로 업무를 해나가는 것을 중시하는 가치

 생활하는데 경제적인 어려움이 없고 돈을 많이 벌 수 있는지를 중시하는 가치

 자신의 일이 다른 사람들로부터 인정받고 존경받을 수 있는지를 중시하는 가치

 **13. 실내 활동**

주로 사무실에서 일할 수 있으며 신체활동을 적게 요구하는 업무나 직업을 중시하는 가치

창직가의 가치관검사 활용방법

창직은 창직가의 의지에 의해 만들어지는 것이므로 창직가의 가치관이 중요합니다. 만일 '직업안정' 추구가 높게 나온 예비 창직가라면, 변화를 받아들이고 시장을 개척해 나가 새로운 일자리를 창조하는 창직이 맞지 않을 가능성이 높습니다.

제 4 장

창직가에게
필요한 능력

창직은 전적으로 창직가 개인의 능력에 따라 창직이 되거나 그렇지 못할 수 있기 때문에 창직가의 능력이 매우 중요합니다. 창직가가 가져야 할 능력은 아래와 같습니다.

필요능력	필요 이유
1. 관찰능력	창직은 주변상황, 사물 등에 대한 관심과 관찰을 통해 필요한 창직 분야를 찾아내고 확장시켜나갈 수 있으므로 다양한 상황에 대한 관심과 관찰 능력이 필요합니다
2. 문제해결능력	문제에 대한 기본적인 지식을 갖고 있으며, 문제 상황에 대해 고정관념이나 편견 없이 다각도로 생각하고 문제를 해결할 수 있습니다. 문제해결능력은 기본적으로 지식과 통찰이 있을 때 능력을 발휘할 가능성이 높아집니다.
3. 인맥관리능력	창직 아이디어 수집이나 창직을 구체화 시키는 일은 창직가 혼자서는 어려운 일입니다. 아이디어를 제공해 주거나 조언을 주거나 도와줄 인적네트워크 함양이 필요합니다.
4. 융합능력	자신의 흥미·강점·역량과 다양한 분야나 현상을 접목시켜 새로운 분야로의 발전 능력을 높이는 것이 필요합니다.
5. 학습능력	창직가는 기존의 시장에서 틈새를 발견하거나, 새로운 것을 만들어내는 것인 만큼 지식과 기술, 정보의 부족 문제에 직면했을 때, 자기주도적인 학습과 기술개발 노력을 통하여 문제를 해결하기 위해 노력해야 합니다.
6. 목표달성능력	창직과정은 오랜 시간이 걸리고 여러 가지 장벽에 노출될 수 있습니다 목표를 달성하는 데 필요한 요인들을 다양하게 찾아내고 대안을 찾는다면 목표는 달성될 수 있습니다.

내가 만든 직업에 취업합니다

1.
관찰능력

선풍기에 대한 고정관념을 깬 다이슨의 날개 없는
선풍기는 관찰의 결과 탄생되어 우리 삶을 윤택하게
해 주고 있습니다. 꾸준한 관찰을 통해
창직 아이디어를 모색할 수 있습니다.

관찰능력 키우기

창직가가 관심 있는 관찰대상 한 가지를 선택하고 관찰한 결과를 아래의
절차에 기술해보세요.

문제 인식 — 선풍기 날개 때문에 사람들의 안전이 위협받는다

관찰 결과 — 날개를 없애도 시원한 바람이 나오게 할 수 없을까?

발견 결과 — 유체역학의 하나인 베르누이의 원리를 이용해서
날개를 없애보자

느낀 점 — 선풍기 본체 아랫부분에 공기를 흡입하는 날개를 달아
공기를 회전시키자

개선결과 — 날개 없는 선풍기의 탄생

2.
문제해결능력

문제를 해결하는 데 있어 해결의 단서를 제공받는다면
문제해결이 손쉬워집니다. SCAMPER 기법으로
해결의 단서를 얻을 수 있습니다.

SCAMPER 기법 소개

SCAMPER(스캠퍼) 기법은 1971년에 밥 에벌(Bob Eberle)이 오스본의 체크리스트 기법을 보완하고 발전시켜 SCAMPER 발상법을 제시했습니다. 어떤 현상을 개선하기 위해 대체하기, 결합하기, 조절하기, 변경·확대·축소하기, 용도 바꾸기, 제거하기, 역발상과 재정리하기와 같은 일곱 가지 질문을 한 다음 그에 대한 해답을 찾다 보면 혁신적인 해결책이 나온다는 것입니다.

구분	SCAMPER 기반의 질문	활용예시
대체 (Substitute)	문제 해결을 위해 무엇을 대체할 수 있나?	음식점 전단지 → 배달어플리케 이션
결합 (Combine)	무엇과 무엇을 엮을 수 있을까?	연필+지우개 → 지우개 달린 연필
변경 (Adapt)	바꾸거나 교환할 것이 무엇인가?	기존의 물풀 → 흐르지 않는 풀, 딱풀
수정 (Modify)	다른 방식으로 수정한다면?	굴러가는 전구 → 둥근 면을 납작하게 만들어 굴러가지 않게 함
타용도 사용 (Put to other pur- poses)	기존 제품으로 접근할 수 있는 새로운 시장은?	접착력이 약하고 끈적이지 않는 실패한 접착제 → 포스트잇
제거 (Eliminate)	일부분을 제거하면 어떤 결과가 나올까?	선풍기 날개 위험 → 날개 없는 선풍기
순서 바꾸기 (Reverse)	순서를 바꾸거나 뒤집어볼 것은 있는가?	김밥 → 누드김밥

Work sheet 2	SCAMPER 기법으로 창직 아이디어 개발하기

병원 업무가 많아 의사는 환자에게 친절하게 설명할 시간 여유가 부족합니다. 이런 경우 어떤 '직업'이 필요할 것인지 SCAMPER 기법 중 한 가지를 선택하여 창직해 보기 바랍니다.

구분	내용
대체 (Substitute)	
결합 (Combine)	
변경 (Adapt)	
수정 (Modify)	
타용도 사용 (Put to other purposes)	
제거 (Eliminate)	
순서 바꾸기 (Reverse)	

창직명	
창직한 직업을 한 줄로 요약하기	

3.

인맥관리능력

인맥관리는 내가 원하는 것을 얻기 위해 사람을 이용하는 것이 아니라, 취업이나 창직에서 의미하는 인맥관리는 사람들은 각자 자기만의 고유한 장점이 있으며 각자의 장점을 찾아내어 협력하려면 더 좋은 결과를 창출한다는 것입니다. 우리나라 속담에 "세 사람이 모이면 한 사람에게는 반드시 배울 점이 있다."라는 말이 있듯이 누구에게나 장점이 있고, 배울 점이 있습니다.

인맥관리가 잘 형성되면 정(情) 문화인 우리나라의 정서상 인품 좋고 도와주고 싶은 안타까운 사람이 있으면 사람들은 그를 위해 정보를 알아봐 주거나 만나보면 좋을 것 같은 사람을 소개를 해 주면서까지 도와주려고 합니다. 창직에 있어서 인맥관리능력은 창직가의 아이디어 한계를 뛰어넘는 대안을 제시받을 수 있으며, 진정 어린 조언을 통해 창직 아이디어를 실현 가능하게 만들 수 있습니다.

아래에 주어진 인맥관리 Tool을 활용하거나 여러분만의 인맥관리 방법으로 변경하여 활용하여 인맥관리를 통한 창직의 기회를 확대해 보기 바랍니다.

인맥관리 Tool

목표	예시
정보 얻기	- 그들이 종사하는 산업에 대한 정보 - 경제 상황과 그것이 해당 산업에 미치는 영향 - 창직 영역에 대한 최신 정보 - 해당 산업의 문제점이나 요구사항 등
조언 구하기	- 창직 분야가 그들의 산업이나 사회에 어떻게 활용될 수 있는지 - 창직가의 마케팅 전략에 대한 피드백 - 창직 분야와 관련된 시장 조사방법
추천 받기	- 창직영역을 시장에 진입시키거나, 확장시키는 데 도움이 되는 사람 추천 받기
지속적인 유대관계 갖기	- 정보 수집이나 추천을 통한 단발성 미팅으로 끝나는 관계 이상의 유대관계를 통해 창직가와 정보 제공자간의 협력과 교류를 통해 창직 분야가 더욱 발전할 수 있으므로 지속적인 아래와 같은 활동을 하는 것이 중요하다. - 창직 분야에 대한 정보 공유 - 경청하기 - 생각을 나누기 - 감사 메일을 보내고 정기적으로 새로운 소식을 전하기
신뢰 쌓기	- 신뢰를 쌓으면 상대방은 나에 대한 이해의 폭을 넓힐 수 있다 - 신뢰를 통해 더욱 깊은 대화가 가능하다

인맥관리로 창직 아이디어 조사하기

목표		조사내용
만나고자 하는 사람	이름 및 직위	
	종사하거나 조언을 구하는 산업분야	
정보 얻기	경제 상황 및 해당 산업에 미치는 영향	
	산업분야의 현재. 미래 동향	
	해당 산업분야의 문제점. 요구사항	
조언 구하기	그들의 산업이나 사회에 어떻게 활용될 수 있는가	
	마케팅 전략에 대한 feedback	
	시장 조사방법	
추천 받기	추천받을 사람 추천받을 사람 의 장점	

목표	조사내용	
지속적인 유대관계 갖기	창직 분야에 대한 정보 공유	
	감사 mail 보내기	
	정기적으로 새로운 소식 전하기	
신뢰 쌓기	신뢰 형성 방법	

4.

융합능력

융합의 의미는 둘이 합쳐져서 하나가 되는 것입니다. 창직에서 융합기술은 기존 직업이나 제품 또는 서비스가 갖는 한계를 극복하기 위해 직업과 기술 또는 서비스를 융합해 새로운 직업을 개발하는 것입니다.

융합의 매트릭스

직업	×	직업
		제품
		서비스

제품	×	직업
		제품
		서비스

서비스	×	직업
		제품
		서비스

융합기술의 예

동물(제품) + 돌봄(서비스) = 팻시터

융합으로 탄생된 직업이 무엇이 있는지 직업정보검색 한국고용정보원 (http://www.keis.or.kr), 서울신직업인재센터(https://sbasncc.tistory.com) 사이트를 활용하거나 여러분의 생각 또는 이미 알고 있는 직업을 생각해보면서 작성해보세요.

직업명	융합이라고 생각하는 이유

5.
학습능력

창직가는 틈새를 발견하거나, 새로운 것을 만들어내는 것인 만큼 지식과 기술, 정보의 부족 문제에 직면했을 때, 자기주도적인 학습과 기술개발 노력을 통하여 문제를 해결하기 위해 노력해야 합니다. 문제에 봉착했을 때 스스로 다양한 방법을 생각해보고 직접 실천해 봄으로써 문제를 해결해야 하며, 부족함을 느끼고 스스로 공부도 하면서 자신의 경쟁력을 높여야 한다. 무엇보다 신직업인들은 대체로 일을 하는 데 필요한 지식과 정보가 항상 부족하기 때문에 자발적으로 학습해 가야 합니다.

창직에 있어 '나'의 부족한 학습능력을 점검하고 어떻게 보완할 것인지
찾아보기 바랍니다.

부족한 점	보완방법
예시: 정보통신 기술력 부족	국비지원 정보통신 기술 향상 전문 학원 수강

6.

목표달성능력

'만다라트 기법(MANDALA-ART)'은 일본 디자이너 이마이즈미 히로아키가 1987년 불화 '만다라'의 모양에서 영감을 얻어 고안했는데, 일본의 투수 오타니 쇼헤이가 '목표달성법'으로 활용해 유명해졌습니다.

각각의 사각형 중심 칸에 세부목표를 적고, 이를 둘러싼 8칸에 이 세부목표를 이룰 수 있는 행동계획을 쓰면 됩니다. 이런 만다라트의 장점은 목표를 달성하기 위한 구체적인 행동계획을 확장해 가장 중요한 목표를 실천하게 해준다는 것입니다.

만다라트 기법은 목표달성 능력에도 활용되지만, 생각을 다양하게 확대시킬 수 있는 유용한 도구로서 스캠퍼와 동일하게 창직 아이디어 확장의 도구로 활용할 수도 있습니다.

	인맥			롤모델			일자리	
				⇧				
			인맥	롤모델	일자리			
	실력	⇦	실력	창직	성장	⇨	성장	
			돈	능력	학습			
				⇩				
	돈			능력			학습	

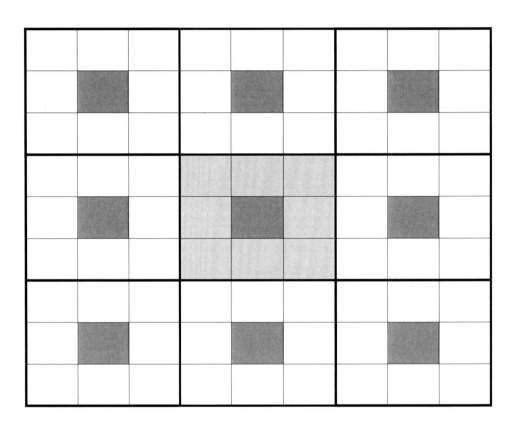

신직업 소개
(해외 직업)

Home Inspector(홈인스펙터)

홈 인스펙터(주택 검사관: Home Inspector)는 미국에서 활동하는 직업으로, 각 주에서 정한 윤리규정(Code of Ethics and Regulations)과 검사 대상 그리고 가이드라인에 따라 주택검사를 실시합니다. 주택의 냉난방 시스템, 상하수도 시스템, 전기 시스템은 물론 지붕, 지하 기초구조물, 외벽, 실내 구조물 등 주택구조물의 검사를 통해 발견된 지적사항, 결함(혹은 문제점)과 안전문제, 건축구조물의 상태와 보일러 등 가정용 기기의 기능 상태를 점검과 기능(혹은 작동) 상태를 검사보고서에 기록하는 역할을 수행합니다.

검사를 정밀하기 하기 위해 육안으로 확인할 수 없는 영역을 검사하기 위해 습기측정기, 적외선 온도측정기, 가스측정기, 전기회로 측정기, 적외선 카메라 등 특별한 도구를 사용하기도 하며 경험이 풍부하고 전문적 지식을 가진 인스펙터들은 종종 시각, 청각, 후각, 촉각을 이용해 검사방법의 효율성을 증대시키기도 합니다.

국내에는 하우스 인스펙터 협회(http://www.kihi.org)가 활동하고 있습니다.

제 5 장

창직
아이디어 얻기

하늘 아래 새로운 것은 없다는 말이 있듯이 창직 아이디어 역시 세상에 존재하지 않는 전혀 새로운 직업을 만드는 것이 아닙니다. 기존에 있던 직업들을 변형시켜서 창직할 수도 있고, 자신의 취미로 창직할 수도 있습니다. 이번 장부터는 창직 아이디어를 찾는 방법을 체계적으로 생각해 보겠습니다.

1.

연구자료
조사하기

한국고용정보원(http://www.keis.or.kr)과 서울신직업인재센터(https://sbas-ncc.tistory.com)에는 체계적으로 창직을 연구한 자료가 많습니다. 조사한 자료를 바탕으로 창직 아이디어를 얻을 수 있습니다.

한국고용정보원사이트에서 선택한 흥미 있는 직업과 이유는 무엇인가?

서울신직업인재센터 사이트에서 선택한 흥미 있는 직업과 이유는 무엇인가?

2.

트렌드
파악하기

창직은 새로운 직업을 만들어 그것을 토대로 창업, 취업 또는 프리랜서로 활동할 수도 있습니다. 아래의 창직 사례를 통해 노동시장에 없던 새로운 창직의 아이디어를 얻어 볼 수 있습니다.

창직의 사례	시장의 요구사항	창직명
시장의 트랜드를 반영한 창직	다이어트 수요의 증가	다이어트프로그래머
	온라인 홍보자료 디자인 수요 증가	인포그래픽디자이너
	암환우 외모관리 수요 증가	암환자뷰티관리사
제품 또는 서비스의 확대 또는 파생으로 인한 창직	아이+돌봄	베이비시터
	노인+돌봄	요양보호사
	동물+돌봄	펫시터
기업의 제품 또는 서비스의 변화로 인한 창직	정수기 개발	정수기 코디
	전자제품의 렌탈시장 확대	케어매니저
	갤럭시 휴대폰 판매	갤럭시컨설턴트
직업 간의 융·복합의 창직	음악+치료(사)	음악치료사
	미술+치료(사)	미술치료사
	경찰+IT기술	사이버경찰

좋아하는 일(덕후)로 창직	1인 매체 발달	유튜브 크리에이터, 파워 블로거
	장난감 갖고 놀기	키즈 크리에이터[1] (캐리언니, 헤이지니 등)
	치킨 매니아	치믈리에[2]
해외에 있는 직업을 한국화 하여 도입한 창직	고객관점에서 기업의 서비스를 평가, 피드백	미스터리쇼퍼
	수제맥주 전문점	브루마스터
	초콜릿아트	쇼콜라티에

---

1) 키즈 크리에이터는 유튜브 채널을 운영하는 어린이 운영자를 지칭하는 의미로도 사용된다.
2) 치믈리에: 배달전문 어플리케이션 개발회사인 배달의 민족에서 마케팅 차원에서 만든 자격증으로 직업화 되지 않았으나, 국어사전에는 등재되었습니다. 치믈리에 [명사] chimmelier 1. 치킨 감별사 2. 국내에 유통되는 모든 치킨의 맛과 향, 식감을 전부 파악하고 있는 치킨 전문가 3. 치킨계에서 성취할 수 있는 최고의 경지

내가 만든 직업에 취업합니다

내가 할 수 있는 창직은 어떤 것을 활용하여 할 수 있을까요? 아래에서
제시한 창직의 사례 중 한 가지를 선택하여 나의 창직 아이디어를 적어
봅니다.

창직의 사례	시장의 요구사항	창직명
시장의 트렌드를 반영한 창직		
제품 또는 서비스의 확대 또는 파생으로 인한 창직		
기업의 제품 또는 서비스의 변화로 인한 창직		
직업 간의 융·복합의 창직		
좋아하는 일(덕후)로 창직		
해외에 있는 직업을 한국화하여 도입한 창직		

3.

국내외
직업정보
탐색하기

창직의 아이디어는 산업현장에서 발생하기 때문에 관심 있는 분야 직무에 대해 살펴보는 것은 의미 있는 활동입니다. 국내뿐 아니라 해외의 사례에서 아이디어를 얻을 필요가 있습니다. 외국에 있는 직업이지만 우리나라에는 존재하지 않는 직업을 국내 상황에 맞게 수정·적용하거나, 해외에서 새롭게 성장하는 산업분야(또는 신사업)에서 힌트를 얻어 새로운 직업을 만들어낼 수 있습니다.

국내	워크넷 한국직업사전	www.work.go.kr
	통계청 통계정보	www.kostat.go.kr
해외	미국 O*NET	O*NET(www.onetcenter.org)
	직업 전망(OOH)	OOH(www.bls.gov)
	영국 NCS	https://nationalcareersservice.direct.gov.uk

해외사이트에서 선택한 흥미 있는 직업과 그 이유는 무엇인가?

4.

일 경험으로
아이디어
찾기

아래 내용은 필자가 직업탐색 강의 시 자주 활용하는 방법입니다. 우리가 즐겨 먹는 피자가 만들어지기까지 얼마나 많은 일들이 일어나고 있는지 다양한 직업을 생각함으로써 나에게 적합한 직업을 찾는 과정입니다. 창직 역시 여러분의 일(아르바이트, 프리랜서 등)과 연계되었던 다양한 직업들을 탐색해 봄으로써 틈새 직업창출의 아이디어를 얻을 수 있습니다.

[피자도우 및 채소]

도매상 ← 중간 매입상 ← 제분공장 ← 농부

종묘상 ← 종자회사

농약판매상 ← 농약제조사

[피자소스]

도매상 ← 소스 생산업자

토마토 재배 농부, 식초 제조공장, 설탕 생산자

[육류]

도매상 ← 도축업자 ← 농부

[치즈]

도매상 ← 치즈 가공업자 ← 낙농업자

[식자재 배달]

운전사

트럭 ← 트럭 탁송회사 ← 트럭 제조회사 ← 철강 및 트럭용 원자재 제조회사

[배달앱]

어플리케이션 개발회사 ← 개발자, 기획자, 디자이너, 서버관리자

모바일(온라인) 결재회사

[피자박스]

박스제조회사 ← 목재 도매상 ← 목재 매입상 ← 목재 생산업자 ← 벌목공

인쇄회사 ← 박스 디자이너 ← 인쇄용 기계생산업자, 인쇄용 잉크 생산업자

배달전문업은 창직입니다. 기존에는 매장에서 직접 배달전문 인력을 채용
하여 운영하였으나, 배달전문 기업이 생김으로써 매장에서 인력고용을 하
며 발생되는 고정인건비를 절감시키게 되었고, 직원의 결근으로 인해 배달
이 지연되는 일이 감소하게 되었습니다. 이와 같이 일과 일을 연결하여 새
로운 직업을 탄생 시킬 수도 있습니다.

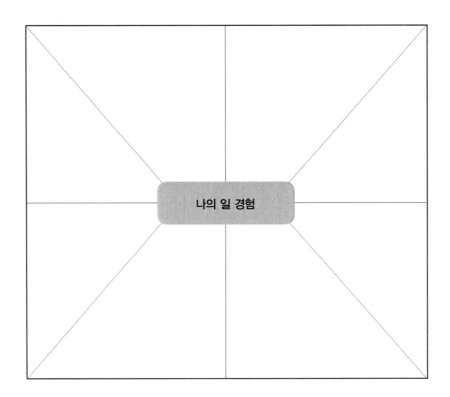

나의 일 경험을 가운 데 작성하고 나의 일과 관련되었던 다양한 일들을 확대시켜 봅니다. 여러분의 일 경험과 관련된 또 다른 일들을 최대한 많이 찾아내 보는 것이 목적이므로 주어진 칸을 다 채울 수도 있고 초과할 수도 있으며, 혹은 칸을 다 채우지 않아도 괜찮으니 생각나는 대로 여러분의 일과 관련되었던 일들을 찾아보기 바랍니다.

신직업 소개
(국내편)

입원전담전문의(호스피탈리스트·Hospitalist)

입원 초기 진찰, 경과 관찰, 환자·가족 상담, 병동 내 간단한 처치·시술, 퇴원계획 수립 등을 수행하는 입원전담 전문의가 새로운 직업으로 탄생되었습니다.

입원전담전문의란 입원환자를 대상으로 입원부터 퇴원까지 환자진료를 직접적으로 담당하는 전문의로, 입원초기 진찰부터 경과 관찰, 상담, 퇴원계획 수립 등 입원환자의 전반적인 주치의 역할을 수행합니다.

국내 대학병원 시스템상 전문의인 교수는 수술·진료에 집중하고, 입원환자는 인턴·레지던트 등 전공의가 돌보는 탓에 환자들은 회진시간 때 잠깐 전문의를 만날 수 있지만, 입원전담전문의 제도를 도입하면, 입원전담전문의가 입원부터 퇴원까지 환자 진료를 직접 책임지고 시행하게 됩니다.

국내에서 입원전담전문의 제도는 전공의법 시행으로 전공의들의 수련 근무시간을 주당 80시간 이내로 제한하면서 그에 따른 인력 공백의 대안으로 부상했습니다. 2016년부터 시범사업을 시행하고 있는 국내에서는 아직 입원전담전문의가 100명 안팎에 불과하지만, 미국은 2016년 기준 5만 명, 일본은 2017년 9월 기준 1,400명에 이릅니다.

제6장

창직 아이디어
실현시키기

1.

SWOT
분석하기

미국의 경영컨설턴트인 알버트 험프리(Albert Humphrey)에 의해 고안된 경영전략 수립 기법으로, 기업의 내부 환경과 외부환경을 분석하여 강점 (strength), 약점(weakness), 기회(opportunity), 위협(threat) 요인을 규정하였습니다.

SWOT 분석의 가장 큰 장점은 기업의 내·외부환경 변화를 동시에 파악할 수 있다는 것입니다. 기업의 내부 환경을 분석하여 강점과 약점을 찾아내며, 외부환경 분석을 통해서는 기회와 위협을 찾아낼 수 있습니다.

SWOT 분석을 창직 아이디어에 응용하여 창직가 본인의 내·외부환경 변화를 파악해 보겠습니다.

창직가 본인에 대한 SWOT 분석

예: 외식조리 전문학사 학위 소지, 분식전문 프랜차이즈 회사에서 메뉴
개발을 하며 소비자 입맛을 분석해 왔으며 및 신규 오픈 업장에 파견되
어 점주를 대상으로 음식 조리 방법과 고객 응대법 교육을 5년간 진행
하였던 예비 창직가의 SWOT 분석.

강점(Strength)	약점(Weakness)
〈내부 환경(창직가)의 강점〉 외식조리 전공으로 메뉴 개발 능력 있음 외식 메뉴 개발 경력으로 메뉴 개발 능력 있음 신규 오픈 사업장에서 고객 응대 교육 5년 경력 매장 내 효율적인 동선 설계 가능 소비자의 입맛 연구 경력	〈내부 환경(창직가)의 약점〉 분식 메뉴 개발 경력이 전부 다양한 메뉴 개발 경력 부족
기회(Opportunity)	위협(Threat)
외부 환경(창직가의 경쟁상대)에서 비롯된 기회 경쟁자 없음 개척하여 선점한다면 업계 1위가 될 가능성 있음.	외부 환경(창직가의 경쟁상대)에서 비롯된 위협 최근 백종원의 골목식당에서 백종원을 롤모 델로 하며 업계에 진입하려는 사람이 생겨나 고 있음.

창직시장에 대한 SWOT 분석

예: 외식조리 전문 학사 학위 소지, 분식 전문 프랜차이즈 회사에서 메뉴 개발 및 신규 오픈업장에 파견되어 점주를 대상으로 음식 조리 방법과 고객 응대법 교육경력 5년, 퇴사 후 분식뿐 아니라 다양한 외식 창업을 처음 시작하는 사람들을 대상으로 메뉴 개발과 매장 운영 컨설팅업을 창직하고자 할 경우 SWOT 분석.

강점(Strength)	약점(Weakness)
〈내부 환경(경영자원)의 강점〉 분식 메뉴 개발 경력 있음 고객 응대 경력 효율적인 업무 동선 설계 가능	〈내부 환경(경영자원)의 약점〉 분식 메뉴 개발 경험만 있어 경험이 제한적임 다양한 메뉴 개발 컨설팅 경험 부족 영업, 마케팅 경험 부족하여 사업 홍보 아이디어와 전략 미흡
기회(Opportunity)	위협(Threat)
외부 환경(경쟁, 고객, 거시적 환경)에서 비롯된 기회 소비자들의 외식 수요 증가 백종원의 골목식당 방송의 영향으로 창업 이전에 전문가의 조언을 듣고 메뉴 개발과 사업 운영을 해야 한다는 필요성을 창업가들이 느끼고 있음	외부 환경(경쟁, 고객, 거시적 환경)에서 비롯된 위협 경기 불황으로 외식 창업이 축소되고 있음 직접 창업보다는 프랜차이즈 창업이 늘어나고 있어 메뉴 개발과 매장 운영 컨설팅 수요가 많지는 않을 수 있음 외식업 창업자들은 컨설팅 비용을 아깝다고 느낄 수 있음

SWOT 분석은 외부로부터의 기회는 최대한 살리고 위협은 회피하는 방향으로 자신의 강점은 최대한 활용하고 약점은 보완한다는 논리에 기초를 두고 있다. SWOT 분석에 의한 경영전략은 다음과 같이 정리할 수 있습니다.

SO 전략(강점-기회 전략): 강점을 살려 기회를 포착

외식 수요가 늘어나고 방송의 여파로 창업가들이 컨설팅을 받아야 할 필요성을 느끼고 있음.

본인이 갖고 있는 메뉴 개발과 매장 운영 컨설팅 경험을 홍보하여 수요를 찾아냄.

ST 전략(강점-위협 전략): 강점을 살려 위협을 회피

컨설팅 비용이 아깝다고 여기는 개인들에게 컨설팅의 효과를 알림으로써 조기 폐업의 위험을 줄일 수 있음. 따라서 컨설팅이 '비용'이 아니라 '투자'이며 창업자들에게 필요한 서비스라는 인식을 심어주어야 함. 신뢰를 얻기 위해서 창업 후 1년간 적은 비용으로 컨설팅을 하고 창업 점포의 지역 맞춤형 메뉴 개발을 하여 매출 상승을 지원함.

WO 전략(약점-기회 전략): 약점을 보완하여 기회를 포착

분식 메뉴 개발 경험으로 경험이 제한적이지만, 꾸준한 외식의 수요가 증가하고 있으므로 분식창업가들을 주요 컨설팅 대상으로 하여 고급스러운 분식 메뉴를 개발하여 한 끼 식사로 충분한 분식, 연인들이 데이트할 때 이용할 수 있는 분식 메뉴를 개발하고 매장 운영 컨설팅하여 입지를 굳히면서 차츰 다양한 외식분야로 성장해 감.

WT 전략(약점-위협 전략): 약점을 보완하여 위협을 회피

SNS 마케팅 방법을 배우고, 컨설팅하면서 신뢰를 얻은 점주들에게 홈페이지와 SNS 등에 긍정적인 게시물을 작성하도록 유도하여 바이럴 마케팅을 확장시킴

1. 창직가 본인에 대한 SWOT분석

강점(Strength)	약점(Weakness)
〈내부환경(창직가)의 강점〉	〈내부환경(창직가)의 약점〉
기회(Opportunity)	**위협(Threat)**
〈외부환경(창직가의 경쟁상대)에서 비롯된 기회〉	〈외부환경(창직가의 경쟁상대)에서 비롯된 위협〉

2. 창직시장에 대한 SWOT분석

강점(Strength)	약점(Weakness)
〈내부환경(경영자원)의 강점〉	〈내부환경(경영자원)의 약점〉

기회(Opportunity)	위협(Threat)
〈외부환경(경쟁, 고객, 거시적 환경)에서 비롯된 기회〉	〈외부환경(경쟁, 고객, 거시적 환경)에서 비롯된 위협〉

2.

비즈니스모델
발상하기

SWOT 분석으로 강점, 약점, 기회, 위협요인을 분석하였다면 이제는 창직 아이디어가 사업화 될 수 있도록 구체화 시키는 것이 필요합니다. 아래에 제시한 자료는 알렉산더 오스터왈더와 예스피그누어가 쓴『비즈니스모델의 탄생』에서 제시한 비즈니스를 구체화시키는 도구(Tool)를 활용하여 창직 아이디어를 사업화하는 자료입니다. 비즈니스에 포함되어야 하는 9개의 주요 사업 요소를 한눈에 볼 수 있도록 만든 자료로서 기업의 수익창출 원리를 고객 세그먼트, 가치 제안, 채널, 고객 관계, 수익원, 핵심자원, 핵심 활동, 핵심 파트너십, 비용구조 등 9개 블록을 도식화한 것입니다. 아래 자료와 설명은『비즈니스모델의 탄생』에서 설명된 내용들을 인용하여 구성하였습니다.

창직 아이디어 발견은 시장의 공감을 얻을 수 있는 문제를 찾아내고 그 문제가 직업으로 해결할만한 가치가 있는지 확인한 뒤 창직가가 발견한 직업을 소비할 고객층을 찾고 그들에게 줄 수 있는 가치는 무엇인지 찾아본 뒤 창직에 대한 가치를 만들어가는 것입니다.

창직은 아이디어 자체가 비즈니스모델이 될 수 있습니다. 즉, 창직 아이디어(제품 또는 서비스)가 가치를 가져야 하며 그것을 시장에 창조하고 전파해야 합니다. 따라서 창직아이디어 확장의 방법이 비즈니스모델캔버스와 유사하므로 아래의 자료를 참고하여 창직가의 아이디어를 정교화 할 수 있습니다. 주어진 주제에 따라 창직가의 생각을 기술해 나가면 되니 어렵지 않습니다.

비즈니스 모델 캔버스

⑧ 핵심 파트너십	⑦ 핵심 활동	② 가치 제안
KP(Key Partners) 비즈니스와 관련된 파트너 및 이해관계자	KP(Key Activities) 고객에게 가치를 제공하기 위한 중요한 활동	VP (Value Propositions) 고객의 니즈를 파악하고 문제를 해결하기 위한 중점 가치
	⑥ 핵심자원	
	KR(Key Resources) 비즈니스에 모델을 실행하기 위해 필요한 인적/물적 자원	

⑨ 비용 구조

CS(Cost Structure) 비즈니스에 필요한 비용

출처: Business Model Generation 비즈니스모델의 탄생, (알렉산더 오스터왈더, 예스피그누어 공저)

	④ 고객 관계	① 고객 세그먼트
	CR(Customer Relationship) 세분화된 고객과의 소통방법	CS(Customer Segments) 비즈니스의 가장 중요한 고객을 다양한 방법으로 파악
	③ 전달 경로	
	CH(Channels) 고객과 소통하는 루트와 가치를 전달하는 방법	

⑤ 수익흐름

RS(Revenue Streams)
수입원이 되는 루트와 방법

3.

비즈니스모델과
SWOT 분석자료
결합하기

앞 장에서 SWOT 분석과 비즈니스모델을 구성한 자료를 결합하여 창직 아이디어에 대해 집중적으로 평가할 수 있습니다.

1. 비즈니스모델

⑧ 핵심 파트너십	⑦ 핵심 활동	② 가치 제안
이전 직장 동료 외식창업커뮤니티	메뉴 개발 고객 응대 고객 분석	외식창업 소상공인의 지속적인 영업활동을 지원함
	⑥ 핵심자원	
	메뉴 개발 경험 매장 운영 컨설팅 경험 고객 분석 경험	

⑨ 비용

인건비
홍보비

④ 고객 관계

SNS 홍보
바이럴 마케팅
언론 기고
언론 인터뷰

③ 채널

오프라인
SNS

① 고객 세그먼트

예비 외식창업자
기 창업자 중 사업부진자
메뉴 개발이 어려운 사람

⑤ 수익

매뉴 개발 컨설팅
영업장 운영 컨설팅

비즈니스모델 캔버스를 작성한 후 〈Worksheet 9〉의 SWOT분석과 결합시켜 작성된 내용의 +, - 요소를 찾아냄으로써, 창직 아이디어를 객관적으로 점검해 봅니다.

2. SWOT 분석

내부환경

외부환경

\+ 요소   - 요소

⑧ 핵심 파트너십 이전 직장 동료 외식창업 커뮤니티 운영자	⑦ 핵심 활동 메뉴 개발 고객 응대 고객 분석	② 가치 제안 외식창업 소상공인의 지속적인 영업활동을 지원함	④ 고객 관계 SNS 홍보 바이럴 마케팅 언론 기고 언론 인터뷰	① 고객 세그먼트 예비 외식창업자 기 창업자 중 사업부진자 메뉴 개발이 어려운 사람
	⑥ 핵심자원 메뉴 개발 경험 매장 운영 컨설팅 경험 고객 분석 경험		③ 채널 오프라인 SNS	

⑨ 비용 인건비 홍보비	⑤ 수익 매뉴 개발 컨설팅 영업장 운영 컨설팅

내부환경

외부환경

＋ 요소　　　　　　　　　－ 요소

비즈니스모델 작성하기

⑧ 핵심 파트너십	⑦ 핵심 활동	② 가치 제안
	⑥ 핵심자원	

⑨ 비용

	④ 고객 관계	① 고객 세그먼트
	③ 채널	
⑤ 수익		

⑧ 핵심 파트너십	⑦ 핵심 활동	② 가치 제안

내부환경

⑥ 핵심자원

외부환경

⑨ 비용

+ 요소

	④ 고객 관계	① 고객 세그먼트
	③ 채널	
	⑤ 수익	

- 요소

제 7 장

창직
아이디어의
정체성
확립하기

1.

창직 아이디어를
한 단어로
정리하기

창직가가 개발한 아이디어는 시장에서 새로운 것으로 인식되어 이해가 낮을 수 있습니다. 누군가가 창직가에게 "당신이 만든 직업은 대체 무엇입니까?"라고 질문했을 때 쉽고 간결하게 설명할 수 있어야 합니다. 쉽고 간결하게 설명할 수 있다는 것은 창직 아이디어가 명확하고 창직가가 정체성을 명확히 갖고 있을 때 가능합니다. 아래의 창직 아이디어 정체성 확립 도구(Tool)를 활용하여 창직 아이디어를 구체화시켜보기 바랍니다.

창직 아이디어 정체성 확립 도구 작성 예시

창직 아이디어를 한 문장으로 표현하기		외식 메뉴 개발 및 운영컨설팅
창직 아이디어의 탄생 계기		사전 준비 없이 막연한 계획만으로 외식업을 창업하여 사업 부진의 어려움을 겪는 소상공인을 지원하기 위함
창직 아이디어의 특징		점포 맞춤형 메뉴 개발과 점포 운영 노하우 전달
창직 아이디어가 해결할 수 있는 것		점포 맞춤형 메뉴 개발로 소비자를 지속적으로 유입시킴 체계적인 점포운영
고객		예비 외식창업자 또는 외식창업자 중 메뉴 개발과 운영에 어려움을 겪는 사람
유사 서비스	유·무	백종원의 골목식당
	이용대상	개인 점포 창업자
	가격	무료(방송사에서 무료 컨설팅 진행함)
창직 아이디어 비용		창직 아이디어 홍보를 위한 SNS 마케팅 교육비: 100만 원 다양한 분야 사람들과 만남 시 음료값: 50만 원 기회비용: 1,800만 원 취업했다면 받을 수 있었던 급여 300만 원 × 6개월(창직 시작까지 기간)
필요 기술 및 소요시간		메뉴 개발, 운영방법: 이미 보유하고 있음 다양한 외식 메뉴 개발: 1년
창직 아이디어에 도움을 줄 사람 (인적자원)		SNS 마케팅 전문가 이전 직장 동료 예비 외식업 창업자 및 기 창업자
인적자원 섭외(접촉) 방법		이전 직장동료 고등학교 동창
법률문제 걸림돌		없음

창직 아이디어 보호 방법		지식재산으로 등록되기는 어려우므로 빠르게 시장을 선점하여 업계 1위가 되어 독보적인 위치를 선점함
홍보·마케팅 방법		SNS 마케팅 컨설팅 받은 점주들의 입소문 마케팅 외식 창업 전문 잡지 인터뷰 서울신직업인재센터 인터뷰
자금조달 방법	자부담	정기적금 가입 1,000만 원 해약
	정부지원	창업진흥원(https://www.kised.or.kr) 아이디어사업화 지원금 공모전 지원으로 자금 확보

창직 아이디어 정체성 확립하기

창직 아이디어를 한 문장으로 표현하기		
창직 아이디어의 탄생 계기		
창직 아이디어의 특징		
창직 아이디어가 해결할 수 있는 것		
고객		
유사 서비스	유·무	
	이용대상	
	가격	
창직 아이디어 비용		
필요 기술 및 소요시간		
창직 아이디어에 도움을 줄 사람 (인적자원)		
인적자원 섭외(접촉) 방법		

법률문제 걸림돌	
창직 아이디어 보호 방법	
홍보·마케팅 방법	
자금조달 방법	자부담	
	정부지원	

2.

창직시장
분석하기

창직 아이디어의 정체성을 확립한 뒤 아이디어가 시장에서 실현될 가능성 여부를 사전에 알아봄으로써 오류를 최소화할 수 있습니다. 여러분이 개발한 창직 아이디어가 있다면 창직 시장 분석 도구(Tool)에 따라 사전 점검해보기 바랍니다.

창직시장 분석 도구 예시

조사영역		조사 내용
산업규모		우리나라 외식사업의 성장률과 분식점의 성장률 분석 결과 자료 정리
시장 선도기업 (사람)		외식업의 선도 기업과 분식업의 선도 기업, 선도 기업으로 인정되는 이유
산업 트랜드		외식업에 대한 소비자들의 반응, 창업자들의 생각과 반응
사용된 기술		외식업
법률적 영향		식당업에 대한 법률정보 숙지 법제처 국가법령정보센터(www.law.go.kr) 검색
Pilot Test	대상	외식업 예비 창업자 대상의 구글 또는 네이버 설문조사
	시기	창직 시작 이전 6개월간
	비용	매월 30만 원 (SNS를 활용하여 비용을 최소화 함)
	Test 내용	설문조사 결과를 바탕으로 창직 타당성 검토
	Test 결과	긍정적인 면:
		부정적인 면:
기타		

창직시장 분석 도구 작성하기

조사영역		조사 내용
산업규모		
시장 선도기업 (사람)		
산업 트랜드		
사용된 기술		
법률적 영향		
Pilot Test	대상	
	시기	
	비용	
	Test 내용	
	Test 결과	
기타		

제8장

창직 이후
창직가가 할 일

1.
시간관리

창직가는 혼자 일하는 경우가 많습니다. 자기관리를 잘하는 창직가는 알차게 시간을 활용할 수 있다는 긍정적인 점이 있지만, 그렇지 못할 경우 자칫 시간만 허비할 가능성이 있기 때문에 시간 관리를 통해 목표를 설정하고 효율적인 시간 관리가 가능합니다. 스티브 코비는 그의 저서 성공하는 사람들의 일곱 가지에서 소중한 것을 먼저 하라는 주장을 합니다. 소중한 것이란, 개인적으로 가장 가치가 있다고 생각하는 일들이며, 아래 시간 관리 매트릭스의 Ⅱ. 상한에 해당합니다.

시간관리 매트릭스

	긴급한 일	긴급하지 않은 일
중요한 일	Ⅰ. 상한 응급사태(사고) 중요한 모임 긴급한 리포트 비상사태 생리현상 각종 돌발사태	Ⅱ. 상한 운동, 건강관리 미래 계획 가치관 정립, 명상, 사명서 작성 인간관계 수립 교육 수강, 자기 개발 가족 간의 대화, 여행
중요하지 않은 일	Ⅲ. 상한 체면치레 불필요한 방문, 전화통화 준비되지 않은 형식적인 회의 각종 모임 인기를 얻기 위한 활동	Ⅳ. 상한 과도한 컴퓨터게임 지나친 수면 잡담, 과도한 전화통화 문자, 메신저 지나친 SNS 활동

I. 상한(필수의 상한)

매우 급한 일이거나 돌발 상태에 처한 것들로서 언제든지 가장 먼저 해야 할 일들

II. 상한(리더십의 상한)

계획적인 일, 지금 급하지 않지만 소홀히 하면 언젠가는 후회하게 되는 일들

III. 상한(속임수의 상한)

자신의 목표나 업무와는 관계가 없는 일로서 선별하여 내가 할 일과 남에게 위임할 일을 구분하는 것이 필요함.

IV. 상한(낭비/도피의 상한)

각종 비생산적인 이들로서 나의 삶을 낭비하고, 하면 할수록 손해를 가져오므로 하지 말아야 할 일

흔히 발생되는 시간낭비 요소

지나치게 많은 일을 한꺼번에 하고자 하는 것
목적이 불명확한 것
우선순위가 없는 것
하루의 계획이 불충분한 것
정리정돈이 안 되는 것
메모, 주소, 전화번호를 찾는데 시간이 걸림
일에 대한 의욕 부족/무관심
업무 조정 능력의 부족/ 팀워크의 부족
전화로 인한 업무중단
예정 외의 만남, 방문객 미팅
거절하지 못하는 성격
인내심의 결여
일을 완수하지 못하는 것
상호소통의 부족 또는 부정확한 커뮤니케이션
모바일, 웹서핑에 많은 시간 허비
지나친 잡담
일을 미루는 성격
지나친 참견, 오지랖
충분한 권한 위임을 하지 않는 것
과도한 SNS 활동
지나친 인터넷, 모바일 게임

여러분의 삶에서 시간 관리의 낭비요소 다섯 가지를 적어 보고, 시간 낭비를 막으려면 어떻게 해야 할지 생각한 뒤, Ⅱ. 상한(인생의 목표 또는 언젠가는 이루어야 할 인생에 있어 중요한 것)의 요소를 찾아봅니다.

1. 시간낭비를 막아라

시간 낭비	이유	해결법, 아이디어
늦잠	수면시간이 길어서 하루가 짧다	평소보다 한 시간 일찍 일어나기를 습관화 하기
TV시청	저녁 먹으며 보던 TV를 잘 때 까지 보게 되어서 저녁에 여유시간이 없음	하루 2시간만 TV시청하기
SNS활동	끝없이 하는 SNS 활동	대중교통을 이용할 때에만 SNS 활동하여 시간을 아끼기
게임	게임이 끝날 때까지 하다 보니 시간이 금방 감.	시간을 정해서 게임을 하고 정해진 시간을 초과하지 않도록 함
물건 찾기	물건 찾다가 시간이 가고, 찾다가 엉뚱한 일을 하면서 시간이 훌쩍 가버림	정리정돈의 생활화, 사용한 물건은 제자리에 두기

위의 내용은 예시이므로 독자 여러분의 시간낭비 요소를 찾아 worksheet14에 기술하시기 바랍니다.

2. 시간 관리 II 상한 작성하기

II. 상한(인생의 목표 또는 언젠가는 이루어야 할 인생에 있어 중요한 것을 찾아봅시다.

긴급한 일	
중요한 일	II. 상한 운동, 건강관리 미래계획 가치관정립, 명상, 사명서 작성 인간관계 수립 교육 수강, 자기개발 가족 간의 대화, 여행

위의 내용은 예시이므로 독자 여러분의 시간낭비 요소를 찾아 worksheet14에 기술하시기 바랍니다.

1. 시간낭비를 막아라

시간 낭비	이유	해결법, 아이디어

2. 시간 관리 II 상한 작성하기

Ⅱ. 상한(인생의 목표 또는 언젠가는 이루어야 할 인생에 있어 중요한 것을 찾아봅시다.

긴급한 일
Ⅱ. 상한
중요한 일

2.

창직의 어려움
극복하기

창직가의 열정과 노력으로 창직이 되었다 하더라도 예측할 수 없는 다양한 어려움이 도사리고 있습니다. 창직이 제공하는 제품이나 서비스가 생소하여 이해를 시켜야 할 수도 있고, 자금부족난을 겪을 수도 있을 것이며, 창직으로 탄생된 직업에 대해 시장의 인식이 낮아 시장에 진입하기 어려울 수도 있으며, 신직업이기 때문에 관련된 법이나 주무 기관 등이 여러 곳에 흩어져 있어 법률적 해석이 필요할 경우 시간이 많이 소요될 수도 있습니다.

하지만, 적극적인 시장 개척, 인맥을 통한 문제 해결, 지속적인 학습과 기술 개발로 창직의 수준을 상향시키는 등의 노력을 통해 극복할 수 있습니다.

예상되는 어려움	극복방안
척박한 시장 환경	
학습능력 향상	
기술력 향상	
인간관계와 소통을 통한 문제 해결	

위의 나온 예상되는 어려움에 들어간 것은 예시이므로, 주어진 어려움에 대한 해결방안을 찾아보거나 여러분이 생각하는 어려움을 찾아보고 극복 방안을 자유롭게 기술해보기 바랍니다.

별첨

별첨 1

해외의 직업을 국내에서 창직한 사례

창직명	미스터리 쇼퍼
창직가 명	민유식 / FRMS대표
창직을 한 줄로 정의하기	기업의 서비스를 고객과점에서 평가, 피드백하여 개선점을 찾는 일
창직 아이디어 출처	쌍용화재보험에 재직 후 참치전문점을 운영하였음. 2007년 일본에 시장조사차 방문하였다가 이자카야고시엔 행사를 알게 됨. 이자카야고시엔은 자영업 도산, 외식업침체를 활성화시키기 위해 젊은이들이 기획한 행사, 첫 번째 행사가 성황리에 종료되면서 현재까지 지속적으로 행사가 이어져오고 있음. 이자카야고시엔 지원 솔루션으로 '복면조사'가 있음을 알게 된 후, 일본 최초로 복면조사를 도입한 혼다 마스가츠를 찾아가 직접 한국에 미스터리쇼퍼 과정을 도입하게 되었음. 혼다 마스가츠는 미국 유학 중 미스터리쇼퍼 활동을 알게 되면서 일본에 도입하면 저성장, 불황을 극복할 수 있을것이라 생각하였음. 미스터리쇼퍼는 1940년 미국 월 마크 매장에서 도난사고 방지를 위하여 시작하였으나 이후 경영지원 솔루션으로 발전하였고 인터넷 보급으로 유럽 등 전 세계에 확산된 것임. 한국에는 없었던 직업을 해외에서 도입한 사례임.
언제 시작하게 되었나 (창직 기간)	2007년 12월 미스터리쇼퍼를 국내화 하였고, 매년 500명 가량의 미스터리쇼퍼 활동가를 양성하고 있으며, 다양한 국내·외 외식업체, 자동차업체 등 서비스업을 운영하는 기업들로부터 미스터리쇼퍼 의뢰를 받고 있음.
창직하면서 어려웠던 점 (해결할 점)	국내에 미스터리쇼퍼를 도입하여 운영한지 10년이 조금 넘었으나, 아직 미스터리쇼퍼를 생소해 하는 사람들도 많고, 기업들이 미스터리쇼퍼 도입의 필요성을 높게 인식하지 않는 점이 어려운 점이면서 해결해야 할 점임.

창직명	미스터리 쇼퍼
가장 보람 있던 점	미스터리쇼퍼 활동 후 리포트를 받은 기업들이 서비스 변화를 통해 매출이 상승되고 고객 만족도가 높아졌다는 피드백을 받을 때와 미스터리쇼퍼 활동을 하면서 우울증을 앓았던 주부가 우울증을 극복하게 되었던 사례, 경력단절 여성들과 은퇴 후 일자리를 찾던 시니어들에게 일자리를 제공할 수 있다는 점이 보람 있음.

별첨 2

국내의 새로운 직업 연구자료

2015년	기업재난관리자, 방재전문가, 의약품인허가전문가, 주택임대관리사, 레저선박시설 (마리나)전문가, 미디어콘텐츠창작자, 진로체험코디네이터, 대체투자전문가, 직무능력평가사, 3D프린팅 운영전문가, 해양설비(플랜트) 기본설계사, 상품·공간 스토리텔러, 개인 간(P2P) 대출전문가, 의료관광경영컨설턴트, 크루즈승무원, 기술문서작성가, 문신아티스트, 창작자에이전트, 모바일광고기획자, 디지털광고게시판기획자, 게임레벨디자이너, 게임테크니컬아티스트, 온라인결제서비스기획자, 모낭분리사, 식생활지도사, 생물정보분석가, 스마트헬스케어 서비스기획자, 생명윤리운영원, 헬리캠촬영기사, 창업보육매니저, 귀농귀촌플래너, 웹툰기획자, 스포츠통역사, 레지스트라(소장품관리원), 전통가옥기술자 출처: 한국고용정보원(2015). 미래를 함께할 새로운 직업
2016년	메이커스랩 코디 네이터(창작공방 운자), 온라인 자산관리사, 공유경제 컨설턴트, 폐업전문 컨설턴트, 공공정책 감리사, 그린마케터, 성평등 전문가, 피해자 지원상담사, 양육비이행 관리 전문가, SNS 불공정거래 감시자, 수학체험 코디네이터, 감정노동 상담사, 노노케어 매니저, 모바일 건강관리 코치, 의료분쟁 조정상담원, 병생활지도사, 가속기 개발 운영 기술자, 3D프린팅 모델러 /3D프린팅 소재 개발자, 가상현실 개발자, 에너지효율 측정 및 검증전문가, 헬스케어 애플리케이션 개발자, 이산화탄소포집 연구원, 유전체 분석사, 스마트 의류 개발자, 착용로봇 개발자, 스마트도로 설계자, 드론운항 관리사, 로봇 윤리학자, 실험장비 세척전문가, 스포츠 에이전트, 크리에이터 매니저, 창작자 에이전트, 데이터 매니저, 출판콘텐츠 기획자, 디자인 에디터, 스마트 웹툰 기획자, 저작권 에이전트, 미술품 감정사, 소규모 전력거래 사업자, 게임번역사, 인포그래픽 기획자, 수면상담원, 웹툰 에세이스트, 소셜게임 큐레이터, 메디컬 에스테디션, 화장품 상담원, 사이버 큐레이터, 온라인쇼핑 큐레이터, 전통주 스토리텔러, 화장실 특수관리사, 애견 브리더, 나무의사, 가정환경진단 컨설턴트, 층간소음 관리자, 애견산책 도우미, 동물사료 개발자, 동물재활 공학사 출처: 김중진 외(2016). 2016 국내외 직업 비교 분석을 통한 신직업 연구. 한국고용정보원.

내가 만든 직업에 취업합니다

2017년	공공조달지도사, 원격진료코디네이터, 보건의료정보관리사 자동차튜닝엔지니어, 곤충컨설턴트, 할랄전문가, 스마트팜구축가, 사물인터넷전문가, 핀테크전문가, 증강현실전문가, 매매주택연출가, 도시재생전문가, 복지주거환경 코디네이터, BIM 디자이너, 그린빌딩 인증전문가(녹색건축 전문가), 주택진단사(건물하자평가사), 빈집코디네이터, 건설원가관리사, 빅데이터전문가,과학커뮤니케이터,감성인식전문가, 홀로그램전문가, 의료용로봇전문가, 디지털헬스케어전문가, 레벨디자이너, 매트페인터, 셰이더, 임상엔지니어, 의료기기 소프트웨어 엔지니어 출처: 한국고용정보원(2017). 미래를 함께할 새로운 직업.
2018년	도그워커, 반려견테라피스트, 반려동물장의사, 동물물리치료전문가, 동물보호보안관, 수의테크니션, 반려견식품코디네이터, 커리어액터, Edu-Toolkit 디자이너, 코딩크리에이터, 소셜게임 큐레이터, 매스 큐레이터, 데이터기획자, 정원놀이지도사, 게이미피케이션전문가, 보드게임 디자이너, 커뮤니티 디자이너, 도시계획퍼실리테이터, 생활문화기획자, 가정에코컨설턴트, 하우스테이너, 빈집코디네이터, 주택진단사, 시니어 라이프 오거나이저, 시니어여가생활매니저, K-컬처 체험여행가이드, 장애인여행코디네이터, 소비생활어드바이저, 토탈컨시어지, 디지털장의사, 웰다잉코디네이터, 장례복지사, 동물매개 아동지도사, 감정노동치유사, 뇌훈련전문가, 멘탈케어매니저, 건강기능식품 코디네이터, 난독중학습장애지도자, 아트커뮤니케이터, 목소리코치, 범죄피해자보호사, 치매전문관리사, 스포츠심리상담원, 치유농업컨설턴트 등 출처: 한국고용정보원(2017). 미래를 함께할 새로운 직업.

베이비부머 특성에 따른 도전 적합 직종 유형

유형	수록직업		
경제형 (전문성과 경력을 최대한 살려 도전할 수 있는 직종)	인사/노무/경영지원	전직지원전문가 창업컨설턴트 지속가능경영컨설턴트 공정무역전문가 투자심사역	
	건축/IT/공학	도시재생전문가 생태어메니티전문가 기술경영컨설턴트 기업재난관리자 한옥건축가	
	기타(상담 등)	라이프코치 노년플래너 또래상담가 이혼상담사	
취미형 (취미를 살려 만족스럽게 일할 수 있는 직종)	독서지도사 웃음치료사 캘리그라퍼 원예관리사	노인건강트레이너 산림치유지도사 생태해설사 문화재해설사	
사회공헌형 (사회적으로 보람을 느낄 수 있는 직종)	반려동물학대감시원 유해환경감시원 정책모니터요원	인성교육강사 환경교육강사 IT역기능예방사 재능기부강사	
틈새 도전형 (창업 등으로 틈새시장을 노려 도전할 수 있는 직종)	흙집건축가 협동조합운영자 건강기능식품판매자 온라인쇼핑몰운영자 유품정리인	민박기획운영자 임대주택관리사 황혼이혼전문상담사 1인 출판기획자 직업체험플래너	

유형	수록직업	
	시니어여행전문가 공정여행전문가 시니어리쿠르팅 회사운영자	신사업아이디어컨설턴트 스마트팜 운영자 (스마트팜농부) 귀농귀촌상담사

출처: 고용이슈(2015. 9.). 직업진로정보 - 베이비부머의 새로운 도전 베이비부머 도전 가능 신규 직종을 중심으로.

경력단절 여성을 위한 유형별 신직업

직업 정착가능성 \ 여성적합성	여성적합성 높음	여성적합성 보통
직업정착가능성 높음	**여성유망형 직업** 베이비플래너 병원아동생활전문가 영유아안전장치설치자 원격진료코디네이터 주변환경정리전문가 평판관리전문가 3D 프린팅 디자이너	**블루오션형 직업** 기업컨시어지 산림치유지도사 애완동물장의사
직업정착가능성 보통	**여성 도전형 직업** 가정에코컨설턴트 디지털장의사 매매주택연출가 애완동물행동상담원 자금조달자 정신대화사	**미래개척형 직업** 여가생활상담원 이혼플래너 잡투어플래너 장애인여행코디네이터

출처: 김동규(2014). 경력단절 여성을 위한 직업. 고용이슈 1월호.

농업·농촌 분야 유망 일자리 50

구분	분야	일자리
1차 농산업	유기농업	친환경 병해충 방제 전문가
	도시농업	도시농업 컨설턴트
	틈새농업	곤충 컨설턴트, 약용식물 전문 큐레이터
	생산지원	농작업 안전관리사, 초음파 진단 관리사
6차 산업화	직거래	로컬푸드 직매장
	체험관광	농촌체험 해설사, 음식관광 코디네이터, 농촌교육 농장 플래너
	농기업	마을기업 운영자, 전통식품 개발 전문가
	품질관리	식품위생 전문가
	소비	그린마케터
	유통	학교급식 지원센터 종사자
농촌 삶의 질	의료	지역사회 보육간호사, 재활치료사
	치유	치유농업 전문지도사, 숲치료사
	교육	지역사회 교육 코디네이터, 식생활교육 전문가
	복지	복지주거환경 코디네이터, 노인도움 전문가, 다문화 코디네이터
	고용	농업 노동력 고용서비스 상담사
ICT 융복합	IT농업	정밀농업 기술자, 이력관리시스템 개발자, 환경에너지 제어관리 전문가

구분	분야	일자리
ICT 융복합	스마트	스마트농업 전문가
	바이오	건강기능성식품 개발자, 의약품 신소재 개발자
농업·농촌 지원 서비스	귀농귀촌	귀농귀촌 플래너, 생태건축 전문가
	농촌개발	파머컬처 전문가, 생태 어메너티 전문가
	사회경제	협동조합 플래너, 커뮤니티 비즈니스 전문가
	경영	농업경영 컨설턴트
문화예술	먹거리	유기농 카페, 공정무역 전문가
	문화예술	전통공예 전문가, 지역사회 예술 기획자, 공예박물관 큐레이터
	동물	수의테크니션, 재활승마 치료사
환경 에너지	환경	기후변화 전문가, 지역재생 연구원
	에너지	재생에너지 전문가, 전환기술 전문가, 자원재활용 전문가

출처: 정기수 외(2014). 농업·농촌 유망 일자리 발굴 조사 연구. 지역농업네트워크.

내가 만든 직업에 취업합니다

별첨 6

문화콘텐츠 신규 직업

분류	신규 직업명
게임	게임품질 관리자, 레벨디자이너, 클라이언트 프로그래머
방송	데이터 매니저, 마케팅 프로듀서, 무인항공 촬영감독
애니메이션	매트페인터, 세이더, 애니메이션 편집자, 캐릭터 MD디자이너
영화	그립, 디아이(D.I.) 전문요원, 붐 오퍼레이션, VFX감독
스토리	스토리 에이전트, 스토리 코디네이터, 스토리 코치

출처: 이용관(2013). 문화콘텐트 분야 신규 직업 발굴 및 도입 검토. 한국문화관광연구원.

보건산업 10대 신규 유망직종

분류	신규 직업명
의료 서비스	U-헬스 코디네이터
글로벌 헬스케어	의료통역사
의료기기	의료기기 소프트웨어 엔지니어, 임상엔지니어
제약	제약 인허가 전문가, 제약의사(MSL)
화장품/뷰티	피부과학연구원
식품영양	식품융합 엔지니어, 식생활지도사
고령친화	고령친화제품 인허가 전문가

출처: 서유정 외(2013). 주요국 보건산업 직업 분석 및 유망직종 선정 연구. 한국직업능력개발원.

별첨 8

과학기술 분야 '미래사회 안전' 관련 유망 신직업

분류	신규 직업명
사이버 위험	컴퓨터보호 컨설턴트
	컴퓨터 침해사고 대응 전문가
	애플리케이션(웹/DB) 보안전문가
	공간정보 기반 보안분석가
	바이오인식 전문가
식품안전 위험	식품공정 안전설계 전문가
	HACCP 인증 전문가
신종질환 위험	뇌분석·뇌질환 전문가
	바이오신약개발 전문가
	바이오테러대응 전문가
	신종질환대응 전문가
	생명의공학 전문가
	전문유전 상담사
	신속진단기술 전문가
강력범죄 위험	디지털증거 분석관
	범죄분석관
	범죄예측 전문가
	무인장비 전문가

분류	신규 직업명
기타 위험	원자력시설 해체전문가
	재난안전 관리자

출처: 미래창조과학부(2014). 미래사회 안전 분야 과학기술 분야 신직업.

내가 만든 직업에 취업합니다

별첨 9

과학기술 분야 '사회격차 해소' 관련 유망 신직업

분류	신규 직업명
의료격차 분야	보건의료 빅데이터 전문가
	보건진료 코디네이터
	스마트 헬스케어 서비스 개발자
	초음파 스크리너
정보격차 분야	개인맞춤형 데이터 전문가
	사물인터넷 플랫폼 전문가
	스마트농업 전문가
	라이파이 전문가
	핀테크 전문가
에너지격차 분야	에너지 하베스팅 전문가
	제로에너지빌딩 설계사
	스마트그리드 엔지니어
	신재생에너지 전문가
교육/문화 격차 분야	스마트교육 개발자
	문화재 디지털 복원가

출처: 미래창조과학부(2015). 사회격차 해소 분야 과학기술 분야 신직업.

별첨 10

한국직업정보시스템 재직자 조사를 통해 도출한 후보 신직업

영역	주요 직업	의미있는 직업
사무, 경영, 행정, 금융 등	정치컨설턴트, 빅데이터 관련직, CM리스크매니저, 퇴직전문가, 법인 트레이너, 갈등조정 전문가, 소셜분석 전문가, 비즈니스 인텔리전스, 국제조달 전문가, 아트매니지먼트 관련 직종, 영화 큐레이터, 가맹거래사, 디지털포렌식 전문가, 미래컨설턴트, 퍼실리테이터, 가맹거래사, 위험성평가 컨설턴트, 원산지 관리사 공인사정사, 손해평가사, 메이커스랩 코디네이터, 그린마케터	국제조달 전문가, 미래컨설턴트, 손해평가사
법률, 보건, 교육, 복지, 상담 등	범죄심리사, 활동보조인, 양형조사자, 범죄피해자 지원상담사, 교원치유(상담) 전문가, 병원생활지도사, 의료분쟁 조정상담원	범죄피해자 지원상담사, 교원치유(상담) 전문가
과학 및 기술 (기능 포함)	3D프린팅 직종, 유해화학물질 관리원, BIM직종(BIM 매니저, BIM 코디네이터, BIM 컨설턴트, BIM 모델러 등), Front-end 개발자, 애자일 마스터, 오토바이튜너, 무인항공기 조종사, 무인항공기 정비사, 신소재 분석 전문가, BIO엔지니어, 가상현실 개발자(VR 콘텐츠 기획자), DB클리너, 기후변화 전문가, 사물인터넷 전문가, ZRB 평가자, VTS장비 정비원, 개인정보 영향전문가, 로봇 윤리학자, 가속기 개발운영연구원, 탄소포집연구원	가상현실 개발자, 연료전지 스텍전문가, 수소자동차 AS엔지니어, SDN 네트워크 개발자, 헬스케어앱 개발자

내가 만든 직업에 취업합니다

영역	주요 직업	의미있는 직업
문화, 방송, 예술, 스포츠, 판매 등	스크린엑스 관련직, 1인 방송가(1인 미디어, BJ) 및 관련 직업(에이전트, 매니저 등), 카비스트(와인 큐레이터), UI/UX디자이너, 박물관 에듀케이터, 개인투어 플래너, 1인 창작자 매니저, 웹드라마 작가, 전문 블로거, 저작권 에이전트, 아트 컨설턴트, 사이버 큐레이터, 3D디지털 복원전문가, CAMEDUCER, 보컬디렉터, EMS트레이너, 웹만화 PD, 디자인 퀄리티 매니저, 테크니컬 디자이너, 드라마틱, 액팅코치, 팟캐스트 진행자, 데이터 매니저, 데이터 이미지테크니션, 상임심판, 스킬트레이너, 화장실 특수관리사, 메디컬 에드테티션, 웹툰 에세이스트, 하우스테이너, 야채주스 전문가	1인 창작자 매니저 및 에이전트, 저작권 에이전트, 사이버 큐레이터, 웹만화 PD, 데이터 매니저, 데이터 이미지 테크니션
환경 및 농림 어업	6차 산업 컨설턴트, 농업 컨설턴트, 축산친환경 가축인증 심사원, 기후변화 전문가(배출권 중개사 등), 나무 의사, 층간소음 관리자	나무 의사, 층간소음 관리자

출처: 김중진 외(2016). 2016 국내외 직업 비교 분석을 통한 신직업 연구. 한국고용정보원.

별첨 11

협회, 학회 요청 직업

협회, 학회, 기관	주요 직업	요청 이유
(사)세계음식문화 연구원	차 소믈리에, 식 소믈리에 (밥소믈리에, 야채 소믈리에, 김치 소믈리에)	- 차 산업 시장 확대를 위해서는 전문가 양성 필요. - 식재료에 대한 전반적인 지식과 식견 보유한 전문 직업인 필요. - 일본은 야채 소믈리에가 직업화되어 있고 밥 소믈리에도 존재함.
(사)대한수면 협회	수면상담원	우리나라도 수면산업이 향후 성장 가능성이 높아 수면과 관련한 직업군 양성 필요.
(사)한국공예예술가협회	나전칠기 평가사	나전칠기에 대한 전문적인 감정·평가사가 없어 각종 분규가 발생하고 국·공립박물관에서 유물 구입 시 일정한 기준이 없는 등 평가사 직업 필요.
(사)한국한지공예가 협회	한지 패션 디자이너 및 강사	소재는 개발되었으나, 홍보도 아직 미약하고 그에 대한 교육도 없어 향후 이 분야 전문인력 양성 필요.
한국기계산업진흥회	CAE 검증사	국내 중소기업에는 컴퓨터설계 해석(CAE) 전문인력 부재.
(사)에너지절약전문기업협회	에너지효율 측정 및 검증 전문가	ESCO 사업이 도입된 지 20년이 넘었지만 국내에는 에너지 검증을 위한 전문인력 부재.
양육비이행 관리원	양육비이행지원전문가	국내는 서구 선진국에 비해 양육비 지급 이행 등 이혼가정의 양육에 관해 아직은 인력과 제도가 미비하여 이에 대한 지원이 요구됨.

협회, 학회, 기관	주요 직업	요청 이유
모바일게임협회	게임번역사	국내외 게임 수출입 확대에 따른 현지화의 중요성이 증가하는 가운데 게임과 번역에 대한 지식과 이해가 필요한 게임번역사의 양성이 시급하게 요구됨.
게임물등급위원회	모바일게임 등급 모니터요원	게임법 개정안에 따르면 모바일 게임 운영업체에서는 등급 분류 관련 전문가를 반드시 채용토록 하고 있음.
조달청	공공조달 지도사	국내외 공공조달 시장 확대에 따른 컨설팅 등 전문인력 필요.
환경부	가정환경 진단 컨설턴트	최근 미세먼지 농도 증가, 가정 내 각종 화학물질의 유해성 논란이 커지면서 가정과 개인을 대상으로 한 환경 컨설팅에 대한 필요성이 제기됨.

출처: 김중진 외(2016). 2016 국내외 직업 비교 분석을 통한 신직업 연구. 한국고용정보원.

창직 가능 해외 후보 직업

분야	직업명	국가
여행	건축여행 기획자(Architecture tour guide)	미국, 유럽
	자전거투어 리더(Cycle tour guide)	영국
	여행 비디오 창작자(Tour video creator)	유럽
	게스트하우스 컨설턴트(Guest house consultant)	미국
	의료관광 컨시어지(Medical tourism concierge)	싱가포르
	장애인여행 코디네이터(Reisehelfer/infu)	독일
	오지캠핑 기획자(Wild camping planner)	영국
	캠핑비지니스 전문가(Camping business specialist)	미국
의료/복지	온라인 심리치료사(Online therapists)	유럽
	자폐아동 수중레크리에이션 강사 (Autistic child aqua recreation instructor)	미국
	치매 생활 코디네이터(Dementia lifestyle coordinator)	미국
	시니어 여가생활 매니저(Senior activity manager)	프랑스, 일본
	시니어 전화안부 상담사(Senior telecounselor)	미국, 슬로베니아
농림어업 식품	농산물꾸러미 식단플래너(Local food menu planner)	미국
	기업식물 관리자(Company plant manager)	오스트레일리아
	치유농업 전문가(Care farming specialist)	네델란드
	푸드 애널리스트(Food analyst)	일본

분야	직업명	국가
농림어업 식품	반려동물 음식 코디네이터(Companion animal food co-ordinator)	미국, 일본
교육	홈스쿨 코디네이터(Homeschool coordinator)	미국
	자기 성장 기간(갭이어) 기획자(Gap year consultant)	영국
문화/ 스포츠	스토리코치(Story coach)	미국
	창작자 에이전트(Originator agent)	미국
	스포츠영상 전문가(Sports video professional)	미국, 유럽
	트리클라이밍 지도사(Lead tree climber)	미국
	스포츠 역사가(Sports historian)	미국
	쇼닥터(Show doctor)	미국
	상품 스토리텔러(Product story teller)	미국
	스포츠 심리상담사(Sports counselor)	영국
개인 서비스	유휴공간 활용 컨설턴트(Underused space application consultant)	미국
	주택 하자 평가사(Home inspector)	미국

출처: 김중진(2015). 고용이슈 3월호.

창직아이디어 실행에 도움을 받을 수 있는 곳

아래 공간들은 정부. 기업. 협회 등의 지원을 받아 설립된 유·무료 공간으로 창직가의 아이디어를 확장하는 데 필요한 관심사가 같은 사람을 만나고 아이디어를 펼치며, 상용화되는 데 지원받을 수 있습니다.

공간명	(사)스타트업 얼라이언스	D'CAMP	MARU180	스마트세계로 누림터	구글캠퍼스 서울
하는 일	한국 스타트업 생태계를 활성화하고 한국 스타트업의 해외 진출을 지원하기 위한 민관협력 네트워크. 스타트업 창업자들과 스타트업 생태계의 주요 구성원을 효율적으로 연결함.	스타트업 육성과 창업 생태계 활성화를 위하여 투자, 협업공간, 다양한 이벤트와 프로그램 제공.	아산나눔재단이 운영하는 창업지원센터. 스타트업이 도전하고 성장하고 나누는 창업 생태계 조성.	앱 상용화를 위해 사업화 자금연계, 경영·마케팅 지원 등 보육서비스 제공.	업무를 처리하거나 휴식을 취하거나 공통의 관심사를 가진 사람들과 협업을 할 수 있는 있음.

유용한 지식습득을 받을 수 있는 학교 이외의 교육정보

사이트명	설립 취지
K-MOOC (케이무크)	MOOC(Massive Open Online Course)란, 수강인원에 제한 없이(Massive), 모든 사람이 수강 가능하며(Open), 웹 기반으로(Online) 미리 정의된 학습 목표를 위해 구성된 강좌(Course)를 말합니다. 무크(MOOC)는 학습자가 수동적으로 듣기만 하던 기존의 온라인 학습 동영상과 달리 교수자와 학습자, 학습자와 학습자 간 질의응답, 토론, 퀴즈, 과제 제출 등 양방향 학습이 가능한 새로운 교육 환경을 제공합니다. 아울러, 학습자는 세계를 넘나들며 배경지식이 다른 학습자 간 지식 공유를 통해 대학의 울타리를 넘어 새로운 학습 경험을 하게 될 것입니다. 한국형 무크(K-MOOC)는 서울대, KAIST 등 10개 국내 유수 대학의 총 27개 강좌를 시작으로, 매년 강좌 수를 확대해 나가고 있으며, 무료로 양질의 대학 강의를 수강할 수 있습니다. 출처: 케이무크(http://www.kmooc.kr).
테드(Technology Entertainment Design: TED)	미국의 비영리 재단에서 운영하는 강연회입니다. 정기적으로 기술, 오락, 디자인 등과 관련된 강연회를 개최하며, 최근에는 과학에서 국제적인 이슈까지 다양한 분야와 관련된 강연회를 개최하고 있습니다. 강연회에서의 강연은 18분 이내에 이루어진다. 이 강연 하나하나를 'TED TALKS'라 한다. "알릴 가치가 있는 아이디어(Ideas worth spreading)"를 모토로 하고 있습니다. TED는 미국뿐만 아니라 유럽, 아시아 등에서도 개최하고 있으며 TEDx란 형식으로 각 지역에서 약 20분 정도의 독자적인 강연회를 개최하기도 합니다. 1984년에 TED가 창립된 이후 1990년부터 매년 개최되었으며 특히 TED 강연회와 기타 다른 강연회의 동영상 자료를 2006년부터 웹사이트에 올려 많은 인기를 끌었습니다. 초대되는 강연자들은 각 분야의 저명인사와 괄목할 만한 업적을 이룬 사람들이 대부분인데 이 중에는 빌 클린턴, 앨 고어 등 유명 인사와 노벨상 수상자도 많이 있습니다. 출처: 위키백과.

사이트명	설립 취지
미네르바스쿨	미네르바스쿨은 벤처자본의 투자를 받아 2014년 개교하였습니다. 지식과 정보는 인터넷을 통해 무료로 습득할 수 있기 때문에 대학들이 지금처럼 정보 제공 위주의 교육을 한다면 유지되지 못할 것이라고 주장합니다. 미네르바대학은 학교 건물 없이 온라인만으로 수업이 진행되며 전 세계 7개 도시 기숙사를 이동하며 지내게 됩니다. 각 지역의 기업과 공공기관에서 프로젝트를 경험하고 비영리단체, 정부 기관에서 실무를 경험하면서 각국의 문화를 배우고 국제감각도 기르게 됩니다. 출처: EBS NEWS(미래의 대학인가?).

별첨 15

상권분석시스템(http://sg.sbiz.or.kr)

소상공인 시장진흥공단에서 운영하며, 상권분석, 경쟁분석, 입지분석, 수익분석의 4가지 분야별 정보를 확인할 수 있습니다.

서울시 우리마을가게(https://golmok.seoul.go.kr)

서울시에서 운영하는 상권분석시스템으로 서울시 전체와 자치구별 창업
위험도와 생존도 정보를 보여줍니다.

마무리 글

생각했다면, 지금 시작하세요.

브랜드 컨설팅 회사인 인터브랜드(www.interbrand.com)에서 매년 베스트 글로벌 브랜드를 발표합니다.

아래의 표는 2008년도와 2018년도 세계 10대 브랜드 순위입니다.

연도 / 순위	2008년	2018년
1	코카콜라	애플
2	IBM	구글
3	마이크로소프트	아마존
4	GE	마이크로소프트
5	노키아	코카콜라
6	토요타	삼성
7	인텔	토요타

연도 \ 순위	2008년	2018년
8	맥도날드	벤츠
9	디즈니	페이스북
10	구글	맥도날드

출처: 인터브랜드닷컴(www.interbrand.com).

제조업의 대명사로 부동의 1위일 것 같았던 코카콜라가 2018년 애플에게 자리를 내어 주었고, 아마존, 페이스북처럼 IT 서비스 기업이 상위권을 차지하게 되었습니다. 새로 진입한 IT 서비스 기업의 비즈니스모델은 세상에 전혀 없던 새로운 것이 아닙니다. 누군가는 이미 생각했던 일이거나 세상에 이미 존재해 있는 아이디어들입니다. "아, 나도 이것 예전에 생각해 봤던 건데……", "그때 생각했을 때 해 볼걸……"이라고 후회한 적이 누구나 있을 것입니다. 하늘 아래 완전히 새로운 것은 없습니다. 생각한 것이 있다면 용기를 내어서 시작해 보기 바랍니다.

참고문헌

강용운(2011). 청년창직 활성화를 위한 시스템 개발 및 지역고용 창출 시범사업. 2011 한국지역고용학회 정기학술대회 지역고용에서 중앙과 지방정부의 역할과 과제.

김중진(2015). 창직(創職) - 직업 만들기 해외 직업 분석. 고용이슈 3월호.

김중진 외(2012). 진로선택 대안으로서 창직(創職). 고용이슈 7월호.

김중진 외(2016). 2016 국내외 직업 비교 분석을 통한 신직업 연구. 한국고용정보원.

김중진, 최영순, 최화영(2017). 창직교육프로그램 개발 기초연구(2차 연도). 한국고용정보원.

김한준 외(2017). 4차 산업혁명 시대의 신직업. 신직업연구. 한국고용정보원.

미래창조과학부(2015). 사회격차 해소 분야 과학기술 분야 신직업.

박광회 외(2015). 미래직업세계의 변화: 1인 창조기업과 창직. (사)한국취업진로학회 춘계학술발표대회.

서울산업진흥원(2018). 미래를 여는 새로운 직업.

양은우(2013). 관찰의 기술. 다산북스.

이승구, 백윤미. 청소년을 위한 창직프로그램 개발 연구: 직업과 고용서비스 연구 제

　　11권 제1호.

창업교육협의회(2018). 창업교육지도사 교재

통계청(2018). 2018 한국표준직업분류.

한국고용정보원 고용이슈(2014) 경력단절 여성을 위한 신직업. 1월호.

한국고용정보원 고용이슈(2015.9월호) 베이비부머의 새로운 도전

한국고용정보원(2015). 미래를 함께할 새로운 직업.

한국고용정보원(2016). 2016 우리들의 직업만들기.

한국고용정보원(2017). 2017 미래를 함께 할 새로운 직업.

한국고용정보원. 4차 산업혁명 미래 일자리 전망.

한상근(2013). 신직업개척자의 경력개발연구. 한국고용정보원.

Osterwalder, A., Pigneur, Y. (2011). 비즈니스 모델의 탄생. 유효상 역. 타임비즈.

Seligman, M. (2014). 마틴 셀리그만의 긍정심리학. 김인자 외 공역. 도서출판 물
　　푸레.